쇼펜하우어의
의지와 표상으로서의 세계

EBS 오늘 읽는 클래식

쇼펜하우어의
의지와 표상으로서의 세계

삶이 불쾌한가

한국철학사상연구회 기획 | 박은미 지음

서문

　『의지와 표상으로서의 세계』라는 책 제목을 들으면 무언가 알 수 없을 것만 같고 그래서 더 멋있는 것 같은 느낌에 사로잡히게 된다. 『의지와 표상으로서의 세계』는 제목을 이해하면 내용의 절반을 이해할 수 있는 책이다. 독자들이 이 책을 덮을 때 '책 제목을 왜 이렇게 지었는지 알겠다'라고 한다면 이 책이 해설서로서의 책무는 어느 정도 한 것이라고 여겨진다.

　『의지와 표상으로서의 세계』는 이성 중심주의 세계관과는 완전히 다른 세계관을 선보인 현대 철학의 신호탄이다. 쇼펜하우어는 이성주의 철학의 완성자로 여겨지는 헤겔과 동시대를 살면서 그 이성주의 철학에 반하는 반합리주의 철학의 기치를 올린 철학자다. 쇼펜하우어의 철학은 생철학으로 분류되는데, 그가 시작한 생철학은 실존철학에 직접적인 영향을 끼쳤을 뿐 아니라 그 외 현대 철학의 아이디어를 상당 부분 선구적으로 제시했다. 그가 이룬 철학적 성취에 비해 제대로 주목받지 못했던 이유에는 현대 철학의 아이디어를 너무 일찍 제시한 것도 있는 것으로 보인다. 그에게 염세주의 철학자라는 명성을 안겨준 것은 『소품과 부록』이라는 대중을 위한 저서였다. 그러나 철학적으로 가장 중요한 저서는 반합리주의 철학의 세계관을 상당히 독창적으로 그리고 체계적으로 제시한 『의지와 표상으로서의 세계』다.

철학자들은 대체로 이성을 신뢰한다. 이성이 잘 발달한 사람들이 철학에 관심을 가졌을 터이니 철학자들이 이성을 신뢰하는 것은 자연스러운 일일 것이다. 그러나 이성에 대한 신뢰는 세계대전이라는 역사적 경험을 계기로 본격적으로 흔들리기 시작한다. 인간의 이성은 총구 앞에서 너무나 무력한 것이었다. 세계대전을 거치면서 주목받게 된 철학이 실존철학인데 쇼펜하우어는 그 원류에 해당하는 생철학을 세계대전이 일어나기 한참 전에 선보였다. 생철학자로는 니체가 쇼펜하우어보다 더 유명하지만 사실 쇼펜하우어 없는 니체는 상상할 수도 없다. 니체는 쇼펜하우어의 문학적 버전이라고 해도 되지 않을

까 싶을 정도다.

이성에 대한 과도한 신뢰를 극복한 현대 철학은 신체로 관심을 돌렸다. 쇼펜하우어를 반합리주의 철학의 기수라 하는 것은 그가 신체에 대한 논의를 선구적으로 시작했기 때문이기도 하다. 쇼펜하우어는 인간의 본능적 요소가 지성적 요소보다 우세하다는 주장을 상당히 정교한 이론으로 구축했다. 그는 생물학·생리학 등의 연구 성과를 반영해서 당시까지는 찾아볼 수 없던, 세계에 대한 완전히 새로운 방식의 설명을 시도했다. 그래서인지 『의지와 표상으로서의 세계』에는 정신분석학, 뇌과학의 아이디어와 연결되는 내용이 많이 발견된다.

우리는 소유권의 귀속 주체를 분명히 해야 하는 자본주의 사회를 살고 있기에 인간을 보는 관점이 개체주의를 벗어나기 힘들다. 그런데 쇼펜하우어는 개체화의 원리를 극복하여 동고(同苦)를 하자고 주장한다. 다른 많은 철학들도 연대를 주장하지만 동고나 연대가 말처럼 쉽지는 않다. 늘 개체의 이익을 도모하는 사람이 있고, 개체의 이익을 추구하는 사람은 연대를 무너뜨린다. 이익을 위해 뭉친 사람들의 응집력은 강고하고, 의미를 위해 뭉친 사람들의 응집력은 약하다는 것이 우리의 경험이다.

개체화의 원리에 사로잡혀 있으면 타인이나 세상이 자신

의 뜻대로 움직이지 않는 것 때문에 스트레스를 받게 된다. 인간이라는 존재는 타자들이 자신이 원하는 대로 존재하기를 희망할 수밖에 없지만 이러한 희망은 고통을 낳는다. 타인은 자기 방식대로 존재하지 내가 원하는 대로 존재하지 않는다는 것이 엄정한 사실인데도 우리는 이러한 헛된 희망에서 벗어나지 못한다. 개체화의 원리를 넘어설 때 고통에서 벗어나게 된다는 쇼펜하우어의 철학을 통해 독자들이 인간이 가지기 쉬운 이 헛된 희망의 실체를 볼 수 있기를 바란다. 그리하여 주변 사람들을 '인생이라는 고통의 바다를 함께 건너는 동료'로 볼 수 있게 되는 데 이 책이 보탬이 된다면 해설서를 쓴 사람으로서는 더 바랄 것이 없겠다.

2021년 겨울
박은미

차례

서문

1장 의지의 철학자 쇼펜하우어

2장 『의지와 표상으로서의 세계』 읽기

3장 철학의 이정표

일러두기

이 책에서 인용한 쇼펜하우어의 국내 번역본은 다음과 같다.
아르투어 쇼펜하우어, 『의지와 표상으로서의 세계』, 홍성광 옮김, 을유문화사, 2020.

의지의 철학자 쇼펜하우어

삶, 전혀 이성적이지 않은

　누구나 한 번쯤, 아니 어쩌면 자주 생각할 것이다. '차라리 존재하지 않는 편이 나았을지 모르겠다!' 맘대로 되는 일도 없고, 삶은 늘 기대를 비껴간다. 남들 사는 만큼만 살았으면 싶은데, 바로 그 '남들 사는 만큼' 사는 것이 쉽지 않다. 그런데 또 '남들 사는 만큼 살게 되면 행복해지기는 하는 것일까?' 의문이 든다. 도대체 인생은 무엇이고, 행복은 무엇인가? 평생 돈 버는 방법을 배우고, 돈을 모으고, 돈을 불리다가 죽어야 하는 것이 인생이란 말인가?

　"곤궁하거나 권태롭거나!" 쇼펜하우어는 삶은 곤궁함으로든 지루함으로든 고통을 주는 무언가라고 탄식했다. 참으로 간단한 요약이다! 인간은 곤궁하여 늘 걱정하며 살거나 곤궁하지 않으면 권태로움을 느끼게 된다는 것이다. 여러 나라를 다니면서 인간 삶의 군상을 보고 많은 사람이 비참함 속에서 삶을 견뎌내고 있음을 절절히 느낀 철학자답다. 일찌감치 삶의 고통에 눈뜬 쇼펜하우어는 열일곱 살에 "이 세상은 선한 존재자의 작품이 될 수 없다고 결론내렸다"고 일기장에 쓴다. 쇼펜하우어는 프랑스혁명 당시 참혹한 현장을 지나는 경험을 했고, 노예선에 실린 노예들의 비참한 삶을 보았다. 이때 느낀 강렬한 연민의 고통이 쇼펜하우어의 철학에 굉장히 중요한 영향을 끼쳤다. 그러한 고통의 현장을 목도하면서 쇼펜하우어는 삶에 강한 의문을 품게 되었고, 결국 이것이 그의 철학함의 근원이 되었다.

철학자들은 인간이 어떠한 존재인가를 놓고 크게 두 가지 관점 중 하나를 견지한다. 인간을 이성의 존재로 보는 관점과 인간의 이성을 별로 신뢰하지 않는 관점이다. 인간을 이성의 존재로 보는 이성 중심 철학은 소크라테스, 데카르트, 칸트, 헤겔로 대표된다. 반면에 인간의 이성을 신뢰하지 않는 관점의 대표적인 주자로는 헤라클레이토스, 홉스, 흄, 쇼펜하우어, 니체 등을 들 수 있다. 이 중 쇼펜하우어는 반합리주의 철학의 기

엘리자베트 네이, 아르투어 쇼펜하우어의 흉상

수로 여겨진다. 쇼펜하우어는 "인간의 이성은 신뢰할 수 없다"고 선언하는 데 그치지 않고, 인간은 이성이 아니라 의지에 따라 움직이는 존재라는 관점을 체계적인 철학으로 내놓았다. 쇼펜하우어는 생철학의 원류로서 실존철학과 정신분석학에도 영향을 끼쳤다.

　　오래도록 서양 철학자들은 인간은 이성을 통해 무엇이든 알 수 있으며, 인간의 특징을 가장 잘 드러내는 것이 바로 이성

아르투어 쇼펜하우어의 초상과 그의 저서 『의지와 표상으로서의 세계』 초판본 표지.

이라고 생각해왔다. 그러나 쇼펜하우어가 보기에는, 생생한 인간 현실을 경험해보지 못한 사람들이 이성으로 모든 것을 설명할 수 있다고 착각한다. 인간의 현실은 항상 이성의 설명력을 뛰어넘는다는 것이 쇼펜하우어의 경험이었다. 이성으로 세계를 이해할 수 있다고 보는 주류 철학의 흐름과는 달리 그는 세계는 의지로서의 세계이고, 인간은 이 의지로서의 세계를 파악할 수 없다는 생각을 고수했다. 이를 쇼펜하우어 스스로도 인식하고 있었는데 이는 『의지와 표상으로서의 세계』 원고를 출판사에 보내면서 그가 쓴 편지에서도 확인할 수 있다. 그는 "나의 이 저서는 하나의 새로운 철학 체계입니다. 말 그대로 새로운 것이지요. 기존에 존재하는 옛날 철학을 재탕해 새롭게 서술한 게 아니라 지금까지 아무도 생각해내지 못한, 고도로 응축된 사고로 쌓아 올린 책이 될 것입니다"라고 썼다.

이성에 대한 서양 철학의 신뢰는 신체를 열등한 것으로 보는 흐름을 형성해왔다. 그러나 이성을 두뇌 작용일 뿐이라고 생각했던 쇼펜하우어는 신체를 강조했다. 『의지와 표상으로서의 세계』에는 자연과학의 연구 성과를 반영한 실제 사례에 대한 언급이 종종 등장한다. 그는 생물학 등 당시의 자연과학 연구 성과를 반영해서 신체와 성에 대한 논의를 철학적으로 상당히 구체화했다. 이런 면에서 쇼펜하우어 철학은 전통적인 서양 철학의 흐름에서 보면 상당히 독특한 위치를 점한다. 이성과 신체를 연결시키지 않는 기존의 철학자들과는 달리 쇼펜하우어는 이성은 두뇌에 의해 제한되는 작용으로 의지의 영향을 받을 수밖에 없는 작용이라고 보았다.

인간의 본질을 이성으로 보는 철학자들은 인간이 이성적 결론에 자기 자신을 종속시킬 수 있는 능력이 있다고 보았다. 그러나 쇼펜하우어가 보기에는 인간의 행동은 감정에 따라 일어나지, 이성적 결론에 따라 일어나지 않는다. 쇼펜하우어에게 인간은 이성적 결론을 내리고 그 결론에 맞추어 자신을 바꾸는 존재가 아니다. 거꾸로 자신이 원하는 결론을 미리 정해놓고 그 결론이 왜 말이 되는가를 설득하는 데 이성을 사용하는 존재다. 인간은 자신이 의욕하는 바를 행하면서 자신이 그렇게 행해야 했던 이유를 이성적으로 설명하려 드는 존재인 것이다. 다시 말해, 인간은 자기가 하고 싶은 대로 행위한 뒤 나중에 자신의 행위가 정당했다고 합리화하는 데 이성을 동원하는 존재다.

쇼펜하우어에게 인간은 감성에 따라 충동적으로 살아가는 육체를 가진 존재다. 이성이란 뇌에 의해 제약되는 두뇌 작용으로서 의지의 영향을 받는 것일 뿐이다. 인간의 이성을 신뢰하는 이성 중심 철학에서 인간은 이성 덕분에 존엄할 수 있는 존재인데, 쇼펜하우어 철학에서 인간의 이성은 선의와 협력할 수도 악의와 협력할 수도 있는 사고 능력일 뿐이다. 물론 어느 쪽이든 이성이 가담함으로써 큰 효과가 난다. 그리고 순간순간의 약점이 행동에 영향을 끼치지 않고 일관된 행동을 할 수 있도록 결심을 유지하고 준칙을 고수하는 데 이성이 사용되기는 한다. 그러나 이성 때문에 덕 있는 행동을 한다기보다는 자신이 원하는 행동을 하고서 사후적으로 이성을 동원해 그럴듯한 이유를 갖다 대는 존재가 인간이다. 쇼펜하우어는 인간에게 그렇게 행동하도록 만드는 힘을 '의지'라 칭했다. 의지는 이 세상의 모든 것을 그것으로 존재하게 하는 힘이다. 쇼펜하우어에게 인간의 본질은 이성이 아니라 의지다. 쇼펜하우어는 세상 모든 것이 의지에 의한 것이라고 하면서 인간과 인생에 대한 독창적인 철학을 개진했다.

쇼펜하우어가 헤쳐 나간 바다

우리는 쇼펜하우어를 통해 인생의 진실, 인간의 본질, 이성의 성격에 대한 반합리주의적 설명을 접할 수 있다. 인간은 의지가 신체를 통해 구현된 존재이고, 인간의 이성도 그리 신뢰할 만한 것은 못 되며 뇌에 의해 제약되는 두뇌 작용에 불과할 뿐이다. 쇼펜하우어에게 삶에서 일어나는 모든 일은 의지의 목적 없는 움직임에 따른 것일 뿐이다. 결국 인생은 의지의 목적 없는 움직임에 따라 희로애락을 느끼는 그 무엇이다. 그런데 인간은 그 의지의 움직임에 일희일비한다. 불행은 행복보다 인간에게 더 생생하게 느껴진다. 기쁨은 늘 기대한 것에 못 미치고 괴로움은 늘 예상보다 더 큰 고통을 안겨준다.

쇼펜하우어가 활동하던 당시에 가장 유명한 철학자는 게오르크 헤겔(Georg Hegel)이었는데 헤겔은 이성철학의 최고봉이자 완성자라고 할 수 있는 철학자이다. 헤겔은 이 세상의 모든 것이 이성의 작용에 따른다고 주장했는데, 쇼펜하우어는 '직접적이고 절대적으로 인식하고 직관하며 인지하는 이성'이라는 개념은 허황된 것이라고 생각했다.

쇼펜하우어가 보기에 인간은 그저 의지가 좌우하는 욕망에 따를 뿐이다. 의지는 알려질 수도, 이해될 수도 없는 미지의 그 무엇이다. 그런데 인간은 의지의 움직임을 직접적으로 인식하지는 못한다. 인간이 인식하는 방식이 정해져 있기 때문이다. 인간은 지금 인식하는 방식으로만 인식한다. 다른 방식으로는 인식할 능력이 없다. 자세한 이야기는 2장에서 하기로 하고, 일단 '지금 인식하는 방식으로 인식하는 세계'가 바로 '표상으로서의 세계'이고, 세계 그 자체가 '의지로서의 세계'라는 것만 분명히 해두자.

쇼펜하우어가 『의지와 표상으로서의 세계』에서 주장하는 것은 세계가 한편으로는 '표상으로서의 세계'이면서 다른 한편으로는 '의지로서의 세계'라는 것이다. 이 한 문장을 제대로 이해하면 『의지와 표상으로서의 세계』를 모두 이해한 것이라

1747년경 괴팅겐대학교의 모습. 쇼펜하우어는 1809년 괴팅겐대학 의과대학에 진학한다.

고 할 수 있으니 말이 어렵다고 위축되지 말고 일단 쇼펜하우어 개인에 대한 이야기부터 시작해보자.

쇼펜하우어는 인생의 비참함에 대해 적나라하게 얘기했지만 쇼펜하우어의 개인사를 알면 그를 부러워할 수밖에 없는 측면이 있다. 평생 노동을 하지 않고 아버지의 유산 덕에 자신이 원하는 공부만 하며 살았기 때문이다. 쇼펜하우어는 지금의 폴란드 그단스크 지역에서 사업가 아버지와 문학가 어머니 사이에서 태어났다. 아버지는 쇼펜하우어를 유능한 사업가로 키우려고 프랑스에서도 살게 하고 김나지움(고등학교) 교육 대신

2년간의 유럽 여행을 시키기도 했다. 아버지는 아들이 세상 물정을 배우게 하려고 외국 경험을 시켰는데, 정작 쇼펜하우어는 다양한 인간 삶의 모습에서 삶에 대한 깊은 통찰을 하게 된 덕에 현실감각을 바탕으로 한 철학을 할 수 있게 되었다.

삶의 현실을 인식하고자 한 쇼펜하우어는 괴팅겐대학 의과대학에 입학한다. 몸은 인간에게 가장 생생한 현실이니 쇼펜하우어에게 이는 어쩌면 당연한 선택이기도 했다. 그러나 결국 철학으로 전환해서 1813년 25세 때 「충분근거율의 네 가지 뿌리에 관하여」라는 논문으로 철학박사 학위를 받는다. 이후에 쇼펜하우어는 요한 볼프강 폰 괴테(Johann Wolfgang von Goethe)의 영향을 받아 『시각과 색채에 관하여(Über das Sehen und die Farben)』(1816)를 쓴다. 쇼펜하우어가 의학 공부를 한 점이나 색채론을 연구한 점이 의아하게 여겨질 수도 있을 것이다. 그러나 이는 별로 의아한 일은 아니다. 철학은 '왜 그런가'를 끈질기고 체계적으로 묻는 작업이다. 빛에 대해 왜 그런가를 물으면 빛에 관한 철학을 하게 되는데, 이것이 바로 광학이다. 그리고 의학은 인간의 신체에 대해서 왜 그런가를 묻는 작업이다. 광학이나 의학이나 모두 왜 그런가를 묻는 철학적 작업이지만 그 대상이 다를 뿐이다. 철학적 관심이 있으면 과학이나 의학에 관심을 가질 수밖에 없는 측면이 있다.

색채학과 의학 그리고 철학

모든 학문은 왜 그런가를 묻는다. 철학(그리스어로 *philosophia*)의 원래 뜻이 '지혜에 대한 사랑'이니 철학이 곧 학문이었다고 해야 할 것이다. 사물에 관한 철학은 물리학으로, 생명에 관한 철학은 생물학으로 독립하고, 사회에 관한 철학은 사회학으로, 인간의 마음에 관한 철학은 심리학으로 독립한 것이다. 그러니 이제 철학이라고 남은 부분은 인생 그 자체에 관한 내용에 국한된다. 그래서 현대의 철학은 자연을 대상으로 하는 학문도 아니고, 사회를 대상으로 하는 학문도 아닌, '인간의 삶 전반에 관한 학문'으로 국한된 것이다. 쇼펜하우어가 색채학이나 의학을 공부한 것도 사실은 다 철학적 관심이라는 뿌리에 닿아 있는 것이다.

쇼펜하우어는 박사 학위를 받았지만 대학 강단에서 인정받지 못했고 오래도록 가족 없이 외로운 생활을 했다. 결혼을 한 적도 없고 누이와 가끔 연락했을 뿐이다. 어머니와는 아버지와의 갑작스러운 죽음 이후 사이가 멀어져 20년 넘게 만나지 않고 살았다. 쇼펜하우어는 어머니가 결혼 생활보다는 사교계 생활을 더 중시했다고 생각했다. 그는 어머니가 여는 파티에서 괴테 등 유명 인사들과 교류하기도 했지만, 세상과 인간의 고통에 대해 한탄하며 언쟁을 일삼아 문제를 일으켰다. 그는 당시 독일에서 가장 유명한 작가였던 어머니와 묘한 경쟁을 하기도 했는데, 유명세를 타고 있던 어머니에게 훗날 '쇼펜하우어의 어머니'로 불리게 될 것이라는 말을 하기도 했다.

쇼펜하우어와 비슷한 시기에 활동한 이성철학의 대가 게오르크 빌헬름 헤겔.

쇼펜하우어는 헤겔이 상당한 인기를 얻던 시대에 활동했다. 헤겔은 이성철학의 대가였고 쇼펜하우어는 당시 주류인 이성철학에 반기를 든 '의지'의 철학자였기 때문에 젊은 시절에는 찬밥 신세를 면치 못했다. 헤겔과 쇼펜하우어의 사이에는 재미있는 일화가 있다. 쇼펜하우어는 헤겔의 철학보다 자신의 철학이 한 수 위라고 생각했기 때문에 헤겔의 강의 시간에 자신의 강의를 개설하는 오기를 부렸다. 그렇지만 헤겔의 강의는 수강생이 너무 많아 탈이었고, 쇼펜하우어의 강의는 수강생이 너무 없어서 탈이었다. 쇼펜하우어는 헤겔 철학이 한풀 꺾이고 난 후 말년이 되어서야 세상의 주목을 받을 수 있었다.

쇼펜하우어는 기질적으로도 인생 경험 때문에도 성품이 예민했던 것으로 보인다. 전체적으로 그는 까다로운 천재의 모습으로 사회성이 떨어지는 태도를 보였고, 위험에 예민하게 반응했다. 어릴 때 프로이센 치하에 살 수 없어서 정든 고향을 떠나 함부르크로 탈출해야만 했던 경험은 쇼펜하우어에게 트라우마로 남았다. 침대에는 늘 총을 두었고, 전염병이 돈다는 소식에 다른 지방으로 빨리 대피하기도 했다. 헤겔이 베를린에서 전염병으로 죽은 반면에, 쇼펜하우어는 프랑크푸르트로 피신해서 전염병을 피할 수 있었다. 프랑크푸르트에서 쇼펜하우어는 대학 강단에 대한 미련을 버리고 연구에만 몰두했다. 그러나 심혈을 기울여 쓴 『의지와 표상으로서의 세계』는 책이 아닌 종이 취급을 받다시피 했고, 만년에서야 『소품과 부록(Parerga und Paralipomena)』(1857)으로 유명세를 얻었다. 『의지와 표상으로서의 세계』는 『소품과 부록』 덕에 초판 출판 이후 몇십 년이 지나서야 주목을 받게 되었다.

쇼펜하우어는 『소품과 부록』에 실린 「삶의 지혜에 관한 잠언」 덕분에 유명세를 타고 전 유럽이 주목하는 철학자가 되었다. 이러한 성공 덕에 『의지와 표상으로서의 세계』 3판(1859) 서

프랑크푸르트에 있는 쇼펜하우어의 동상.

문에 쇼펜하우어는 "이제 내 생애의 막바지에 효력이 나타나기 시작하는 것을 보고 만족감을 느끼며, 옛날의 통례에 비추어 볼 때 뒤늦게 시작된 만큼 오랫동안 지속되리라는 희망을 품는다"고 썼다. 쇼펜하우어는 스스로 천재라 생각했고 자신의 책도 비상한 사유 방식을 지닌 소수만이 이해할 것이라고 생각했다. 저작을 통해서만 기억되기를 원한 쇼펜하우어는 묘비명에 이름 말고는 날짜도 연호도 적지 않기를 원했다. 죽기 전 어디에 묻히고 싶으냐는 질문에는 어디라도 괜찮다며 자신의 묘가 어디에 있든 사람들이 자신을 찾아낼 것이라고 했다. 쇼펜하우어는 1860년 72세 나이에 자택에서 소파에 기댄 채 조용히 영면에 들었다. 프랑크푸르트에 있는 쇼펜하우어의 무덤 묘비에는 정말로 그의 이름만 새겨져 있다.

철학사에서 볼 때 쇼펜하우어는 독일 관념론이 득세하던 시기에 비주류인 생철학을 한 철학자다. 『의지와 표상으로서의 세계』는 1819년에 초판본이 나왔는데, 2판은 1844년에 나온다. 2판 서문에서 그는 독일 관념론이 득세하던 시절 주류 철학과는 결이 다른 철학을 하던 자신의 어려운 상황에 대해 언급한다. 그는 "때로는 박해까지 당하는, 있는 그대로의 진리를 북극성으로" 삼을 수밖에 없었다고 고백한다. 철학과 정교수인 헤겔과 대척점에 서 있다가 대학 경력을 포기하고 은둔 생활을 한 쇼펜하우어의 눈에 철학과 교수들은 인간의 비참한 현실을 제대로 보지 못한 채 어설픈 낙관주의를 전파하는 정신적으로 자유롭지 못한 사람들, 국가의 봉급을 받기 때문에 국가의 눈치를 볼 수밖에 없는 사람들이었다. 쇼펜하우어는 2판 서문에서 "내 철학이 강단에서 논할 만한 것이 되려면 전혀 다른 시대가 와야만 할 것이다"라고 말한다.

그만큼 쇼펜하우어의 주장은 당시로서는 낯설었다. 쇼펜하우어는 정신과 이성에 대한 신뢰가 확고했던 시대에 홀로 외롭게 자연적 본능이 더 우세하다는 주장을 했다. 이성 중심 철학자들은 이성으로 덕 있는 생활을 할 수 있다고 보았지만, 쇼펜하우어가 보기에 이성이 있다고 해서 덕 있는 생활을 할 수 있는 것은 아니다. 꽤 긴 기간 세계여행을 하면서 인간 삶의 비참함을 목격한 쇼펜하우어에게 이성에 대한 절대적 신뢰는 경험의 폭이 적은 일부 철학자의 헛소리일 뿐이었다. 전체적으로 쇼펜하우어는 인간 본성의 본능적 요소가 반성적 요소보다 우세하다고 보는 반합리주의 철학의 기수라고 할 수 있다. 쇼펜하우어는 이성으로는 삶과 세계의 본질에 도달할 수 없으며, 세계란 의지가 객관화된 것이고 의지에 의해서 지배된다는 새로운 해석을 내놓는다. 이성을 통해서는 의지의 세계를 파악할 수 없다는 쇼펜하우어의 생각은 이성과 의지의 관계를 보는 전통적인 해석을 넘어선다. 그동안의 철학은 의지를 지성에 종속되는 것으로 보아왔지만, 쇼펜하우어는 의지의 개념을 확장함으로써 의지를 '이성이 파악할 수 없는 그 무엇'으로 보고 이성의 상위에 두었다는 점에서 다르다.

인간은 의지의 움직임에 따라 변화하는 세계에서 자기에게 좋은 일이 일어나면 좋아하고 나쁜 일이 일어나면 괴로워하며, 제 맘대로 움직이는 의지로 인해 고통을 겪는다. 이러한 진실

아르투어 쇼펜하우어의 초상.

을 목도해야 고통을 느끼는 것을 그칠 수 있다. 이것이 쇼펜하우어가 이 책을 통해 말하고자 한 것이다. 쇼펜하우어는 의지의 세계가 존재한다는 사실은 바로 우리의 몸을 통해서 알 수 있다고 말한다. 몸을 의지의 발현으로 간주하는 것은 전통 철학에서는 찾아볼 수 없는 독특한 관점이다.

플라톤을 필두로 하는 이성 중심 철학의 전통에서는 몸은 감각적인 것, 가변적인 것, 부수적인 것으로, 그다지 귀하게 여기지 않았다. 육체는 이성의 작용을 방해하는 열등한 것으로 취급되었다. 그러나 몸은 인간에게 가장 생생한 현실이니 몸을 도외시하면 인간에 대한 이해를 절반만 하게 된다고 할 수 있다. 그동안 도외시해온 신체에 대한 논의는 현대 철학의 중심 화두다. 쇼펜하우어의 철학은 몸을 중시하는 철학의 중요한 원천이 된다. 쇼펜하우어에게 신체는 의지와 표상에 걸쳐 있으며 세계를 인식하는 출발점이고 자신에게 구현된 의지를 인식하는 조건이다.

의지가 인간에게는 고통을 준다

　쇼펜하우어가 말하는 의지란 모든 만물을 지금 그것으로 존재하게 하는 힘으로, 모든 사물의 내적 원리, 생명의 원리, 생명 에너지, 즉 자연 속의 모든 힘을 말한다. 의지는 항상 사물 속에 스스로를 드러내려고 한다. 그런데 이 의지는 이유 없이 맹목적으로 움직인다. 우주 전체를 관통하는 삶의 맹목적인 충동인 의지가 무생물, 식물, 동물, 인간으로 현상한 것이 바로 세계다. 이 중 의지의 성질이 가장 잘 드러나지 않는 것은 중력이나 자기력 같은 자연력이다. 무기물이나 식물에서 드러나는 힘, 동물을 움직이게 하는 생명력, 인간에게서 나타나는 의욕과 욕망 등이 모두 의지에 따른 것이다. 돌 등 생명력이 없는 사물은 의지가 낮은 단계에서 구현된 것이고, 생명체는 의지가 높은 단계에서 구현된 것이다. 쇼펜하우어는 세계가 의지라고 주장하면서 전통 철학과는 다르게 인간과 자연 사이의 유기적 관계를 설정했다.

통상적으로 우리는 하늘에서 비가 오거나 눈이 온다고 해서 엄청난 타격을 받지는 않는다. 집중호우로 사람이 죽고 집이 떠내려가는 등의 문제가 생기기 전에는 '오늘은 왜 비가 오냐, 오늘은 왜 쾌청하냐, 오늘은 왜 눈이 오냐' 하며 하늘을 원망하지 않는다. 물론 소풍이나 야유회를 앞둔 때라면 이튿날 날이 맑기를 바란다. 그러나 대부분 비가 오면 우산을 챙기고, 바람이 불면 '바람이 부나 보다', 맑으면 '맑아서 좋구나' 하지, 매일의 날씨를 두고 '왜 비 오냐, 왜 맑냐' 하며 일일이 따지지는 않는다. 비가 오면 '에이, 비가 와서 불편해' 하지만 '도대체 왜 비가 오는 거야?' 하면서 하늘에다 따지겠다고 덤비는 사람은 없다.

쇼펜하우어는 인생에서 일어나는 문제에도 이처럼 무심한 태도를 취해야 한다고 주장한다. 원하는 일이 이루어지지 않아도 인생이라는 게 그러함을 받아들이라는 것이다. 삶의 진실은

'인생이라는 것은 제멋대로 흘러가고, 인간은 거기에 좋네 나쁘네 추임새를 넣을 뿐'이라는 것이다. 인간들은 이 제멋대로 굴러가는 인생의 일들에 자기에게 유리하면 좋다고, 자기에게 불리하면 나쁘다고 난리를 치지만, 세계를 만들고 일들이 되어가는 과정을 관장하는 의지는 그저 아무런 목적 없이 작용할 뿐이라는 것이다. 왜 비가 오느냐고 따져도 비가 그치는 것이 아니듯이, 의지가 맹목적으로 그렇게 춤출 때 왜 그렇게 작용해서 나를 괴롭히냐고 따진다고 해서 고통이 없어지지 않는다. 이는 그저 인간 혼자 기운 빼는 일일 뿐이다.

물론 노력해서 일이 잘되는 경우도 있지만, 노력한다고 다 잘되는 것도 아니니 그 맹목성을 인정해야 한다는 것이다. "나는 저 친구보다 더 열심히 살았는데 왜 저 친구보다 성공하지 못했는가" 하는 볼멘소리를 하면 쇼펜하우어는 아마도 "너의 노력이 의지의 작용 방향과 맞으면 성과가 나오는 것이고, 너의 노력이 의지의 작용에 거스르면 노력한 만큼의 성과가 나오기 힘들어. 하지만 성과를 얻고 싶은 사람이 할 수 있는 것은 열심히 노력하는 것뿐이야. 성공을 했네 못했네 하는 것에 연연하는 것은 네가 모르는 의지의 작용을 두고 투정하는 것에 불과해"라는 대답을 돌려줄지도 모른다. 물론 결과적으로는 쇼펜하우어의 말이 맞다. 그 친구와 나 중 누가 더 열심히 살았는지는 알 수 없는 일이기는 하니 말이다. 내가 보기에 그 친구가 별로 노력하지 않은 것 같은데도 나 모르게 열심히 살았을 수 있는 것이고, 내가 느끼기에 내가 열심히 산 것 같아도 실제로는 그렇지 않을 수 있으니 말이다. 오히려 성공했다면 그게 필요한 노력을 했다는 증명이고 성공하지 못했다면 노력이 부족했다고 생각하는 게 더 타당한 일이기도 할 것이다. 그저 결과가 말하는 것이려니 생각하고 그때그때 최선을 다하는 것 외에 다른 도리는 없는 것이 사실이다.

여하간 쇼펜하우어는 그러한 삶의 맹목성을 인정하고, 나에게 좋네 나쁘네 따지는 자기 중심성을 탈피하면 남들도 나와 마찬가지로 그 맹목성 때문에 힘들어하는 인생의 동지, 이 고통의 바다를 같이 건너야 할 동료라는 것을 알게 된다고 생각했다. 나만 고통을 당하는 것이 아니고 저 사람도 이 고통의 바다를 건너느라 힘들다는 것을 알게 되면 자연스럽게 타인의 고통에 대한 연민이 생기고, 타인의 고통을 모른 체하게 되지 않는다는 것이다. 그래서 인생의 동지에게 한 번이라도 더 손을 내밀어주게 되고, 그럼으로써 남들과 다정하게 살게 된다는 것이다. 이유 없이 움직이는 의지의 작용에 따라 기뻐하고 슬퍼하게 마련인 인간의 기본 조건을 파악하면 궁극적으로 이 의지의 맹목성에 춤추는 것 자체가 문제임을 알게 되고, 그래

동고

독일어 단어 'Mitleid'는 동정, 연민, 동고로 번역할 수 있다. 쇼펜하우어가
'Mitleid'로 전하고자 하는 의미는 아가페적인 사랑이다. 이 중 가장 아가페적인
것이 동고이기에 동고라는 번역어를 선택했다.

서 이 의지의 작용에 지나치게 영향받지 않도록 자신의 마음
을 간수하려고 노력하게 된다. 그리고 이 의지의 작용으로 인
해 절망에 빠진 타인들의 마음도 애틋하게 보살펴줄 수 있게
된다. 아마도 종교인이 이러한 노력을 많이 할 것이다. 세속의
욕망을 끊고 산으로 들어가는 승려나 수도원으로 들어가는 수
녀들이 다른 사람의 고통을 돌봐주는 모습이 바로 이런 모습
이니 말이다. 쇼펜하우어는 이러한 상태가 의지를 부정한 해탈
의 상태와 유사하다고 본다.

　쇼펜하우어는 염세주의 철학자로 유명하지만 염세주의라
기보다는 인간의 삶을 있는 그대로 묘사했다고 보는 것이 더
적절하겠다. 물론 삶은 곤궁함으로든 지루함으로든 인간에게
고통을 주는 것이라는 쇼펜하우어의 일갈은 염세주의라는 소
리를 들을 만하다. 욕망이 있으면 그 욕망을 채우지 못해 괴로
워지고 욕망이 없으면 욕망 없음으로 인해 삶의 무의미에 시
달린다는 점을 생각해본다면, 삶은 결핍이 있거나 권태롭다는

쇼펜하우어의 진단에 사람들이 주목한 것도 이해가 될 만하다. 이렇게 생의 고통에 대해 썼기에 '염세주의'라 불렸을 터이지만 고통을 직시하고 타인의 고통에 대해 동고(Mitleid)할 것을 주문하는 쇼펜하우어의 철학을 염세주의라고만 치부하는 것이 적절하다고 보기는 어렵겠다.

쇼펜하우어를 둘러싼

쇼펜하우어는 세계의 근원은 이성으로는 포착할 수 없는 의지이기 때문에, 이성에는 생생한 현실을 있는 그대로 포착할 수 있는 힘이 없다고 보았다. 이성이 모든 것을 좌우한다고 철석같이 믿은 시대, 헤겔로 인해 이성의 철학이 가장 꽃 피웠던 그 시대에 쇼펜하우어는 이해받지 못하는 쓸쓸함을 견디고 고독을 감수하면서도 과감하게 의지의 철학을 내놓은 것이다.

스스로 밝히고 있듯이 쇼펜하우어 철학의 사상적 원천은 플라톤, 칸트, 우파니샤드(Upanishad)다. 쇼펜하우어는 이 원형적인 세 가지 흐름의 사상을 잘 소화해서 자신만의 철학 체계

플라톤의 조각상.

를 구축했다. 쇼펜하우어는 플라톤에게서는 세계를 현상계(경
험하는 세계)와 이데아계로 구분하는 아이디어를, 우파니샤드에
서는 이 현상계가 마야의 세계, 즉 가상에 불과하다는 아이디
어를 받아들였다. 이마누엘 칸트(Immanuel Kant)의 철학은 쇼펜
하우어 철학에 가장 큰 영향을 주었다. 쇼펜하우어는 자신의
철학이 칸트 철학을 수정해서 완성하는 철학이라고 생각했다.

쇼펜하우어의 철학은 철학사적으로는 반합리주의 철학, 즉
생철학과 실존철학의 원류에 해당하는 철학이라는 데 의의가
있다. 그는 반합리주의 철학을 체계적으로 제시해서 니체, 키

르케고르, 베르그송으로 이어지는 생철학의 원류가 되었으며, 생철학을 통해 실존철학에까지 영향을 끼쳤다. 이성 중심 철학의 흐름에서도 칸트 철학에 대해서는 한계를 지적하면서도 상당히 많은 부분을 계승했는데, 헤겔의 철학에 대해서는 헤겔 자신도 모르는 절대자를 이야기한다면서 상당히 평가절하했다. 이성 철학의 완성자라 칭하는 헤겔의 철학이 풍미하던 시대에 쇼펜하우어는 최초로 독창적인 반합리주의(비합리주의) 철학을 체계적으로 구축했다는 데 그 탁월함이 있다.

쇼펜하우어의 독특한 철학이 주목받기 시작한 이후 당대의 많은 지식인이 그의 철학에 매료되었다. 키르케고르, 바그너, 도스토옙스키, 톨스토이, 베케트, 아인슈타인, 토마스 만, 카프카, 헤르만 헤세 등이 쇼펜하우어를 숭배하는 마음을 표현했다. 쇼펜하우어를 천재라 칭한 빌헬름 바그너(Wilhelm Wagner, 1813~1883)는 『의지와 표상으로서의 세계』의 영향을 받아 오페라 〈트리스탄과 이졸데〉를 구상했다고 전해진다. 레프 톨스토이(Lev Tolstoy, 1828~1910)의 서재에는 쇼펜하우어의 초상화만 걸려 있었다고 하는데, 소설 『안나 카레니나』에는 쇼펜하우어의 이름이 직접 등장하기도 한다. 라이너 마리아 릴케(Rainer Maria Rilke, 1875~1926)의 시 「그럼에도 불구하고」에는 "나의 쇼펜하우어를 꺼내본다"라는 구절이 등장한다. 헤르만 헤세(Herman

바그너의 오페라 〈트리스탄과 이졸데〉의 한 장면.

Hesse, 1877~1962)도 쇼펜하우어를 통해 동양 철학을 접하고 이러한 사상을 『데미안』과 『싯다르타』에 담았다고 한다. 이외에도 쇠렌 키르케고르(Søren Kierkegaard, 1813~1855)의 일기, 카를 융(Karl Jung, 1875~1961)과 앙드레 지드(Andre Gide, 1869~1951)의 자서전 등 수많은 지성인이 자신의 작품에서 쇼펜하우어 철학에서 받은 충격과 공감을 표현했다.

가장 강력한 충격을 표현한 사람은 프리드리히 니체(Friedrich Nietzsche, 1844~1900)다. 니체는 쇼펜하우어의 책을 고서점에서

「그럼에도 불구하고」

가끔 벽에 붙은 서가에서
나의 쇼펜하우어를 꺼내본다
그는 이 세상살이를 일컬어 '슬픔으로 가득 찬 감옥'이라 했다
그의 말이 맞는다 해도, 나 아무것도 잃은 것이 없다,
감옥의 고독 속에서
그 옛날 달리보처럼 행복하게
나 나의 영혼의 현을 깨우니까

만난 후 충격에 사로잡혀 두 주 동안 먹는 시간을 제외하고는 새벽 6시에 일어나 새벽 2시에 잠들 때까지 『의지와 표상으로서의 세계』만 붙잡고 있었는데, 전부 다 읽은 후에는 철학자가 되기로 결심할 수밖에 없었다고 한다. 니체는 "나는 그가 마치 나를 위해 책을 쓴 것처럼 그를 이해했다"고 고백한다. 니체는 『반시대적 고찰』 3권에 「교육자로서의 쇼펜하우어」라는 글을 쓰기도 했다. 니체에게 쇼펜하우어는 책으로만 만난 스승이다. 니체가 16세가 되기 전에 쇼펜하우어가 죽었기 때문이다. 니체의 '힘에의 의지' 개념에 쇼펜하우어가 영향을 끼친 것은 인정할 수밖에 없다. 니체와 바그너의 우정도 쇼펜하우어 철학에 대한 대화를 통해 쌓였다고 전해진다.

또한 쇼펜하우어가 말하는 의지는 무의식 개념을 가능하게

쇼펜하우어 철학에 영향을 받은 프리드리히 니체.

했다는 평가를 받는다. 니체 역시 지그문트 프로이트(Sigmund Freud, 1856~1939)를 두고 '쇼펜하우어의 진정한 아들'이라고 말한 바 있다. 쇼펜하우어는 우리의 살려는 의지 안에서 구현되는 에너지들이 근본적으로 성적이라고 생각한 최초의 사상가에 해당한다. 쇼펜하우어의 이러한 아이디어가 프로이트가 말하는 이드(id)와 유사하다는 것은 부인하기 어려울 것이다. 인간을 실질적으로 움직이는 힘은 맹목적인 삶의 의지라는 쇼펜하우어의 주장은 정신분석학과 상통하는 면이 많다. 쇼펜하우어 스스로 매우 오랜 세월 동안 분석되기 어려웠던 자아 혹은 영혼이라 불리는 것을 자신이 의지와 지성으로 분해함으로써 철학의 발전에 기여했다고 자평한다. 실제로 『의지와 표상으로서의 세계』에는 환영, 정신착란, 광기, 우울증, 기억 상실에 따른 고통에 대한 설명도 있다. 쇼펜하우어는 심리학이 철학에서 분리되어 독립 학문이 되기 전의 철학자다. 그러니까 지금으로 보면 심리학에 해당하는 내용을 쓴 것도 전혀 어색하지 않은 일이다.

쇼펜하우어 철학에서는 칸트가 모든 덕의 근원으로 여기며 절대적으로 신뢰했던 이성 역시 의지의 영향을 받을 수밖에 없는 것으로 해석된다. 칸트의 이성은 윤리적인 행위를 가능하게 하는 덕의 근원이지만, 쇼펜하우어가 보기에 이성은 선의와 협력할 수도 있지만 악의와 협력할 수도 있는, 의지의 지배를 받는 그 무엇일 뿐이다. 즉 칸트는 이성적으로 행동하면 덕이 있게 행동하게 된다고 생각한 반면 쇼펜하우어는 이성적으로 행동하는 것과 덕이 있게 행동하는 것은 별개라고 보았다. 쇼펜하우어에 따르면, 윤리학의 진정한 토대는 칸트식의 의무론적이고 형식적인 원리가 아니라 맹목적인 삶에의 의지에 이끌려가면서 고통스러운 삶을 살아가는 모든 존재에 대한 동고의

에밀 되르스틀링의 〈정오의 식사에서 칸트〉(1892/1893).

마음에서 시작되어야 한다.

쇼펜하우어는 칸트 철학을 이어받지만 중요한 부분에서 칸트 철학을 비판한다. 도덕에 대한 입장도 칸트와 상반된다. 칸트는 이성을 가진 인간은 도덕적 행위를 할 수 있는 능력이 있다고 보았다. 인간에게는 스스로 정언명령을 부과하고 정언명령에 따라 행위할 능력이 있다는 것이다. 정언명령이란 "자신의 행위 규칙을 보편적 행위 입법의 원리에 타당하도록 하라"는 명령이다. 정언명령은 결국 보편적인 행위가 될 수 있는 행위를 하라는 명령이다. 즉 당신이 어떤 행위를 할 때 그 행위가 도덕적인지 도덕적이지 않은지를 구분하려면 그 행위가 보편적인 행위가 되어도 좋은지 그렇지 않은지를 살펴야 한다는 주장이다. 다시 말해서, 다른 모든 사람이 해도 된다고 여겨지는 행위가 도덕적 행위라는 것이다. 칸트는 인간이 스스로를 정언명령에 구속시킬 수 있다고 보았다.

칸트가 최고선을 향한 무한한 전진을 주장한다면 쇼펜하우어는 의지의 완전한 부정과 폐기를 주장한다. 쇼펜하우어는 칸트가 주장하는 정언명령은 동기를 줄 수는 있는데, 그 동기는 의지가 발현되는 방식은 바꿀 수 있지만 의지 자체는 바꿀 수 없다는 입장이다. 그는 도덕이나 추상적 인식은 진정한 덕을 낳을 수 없다고 보았다. 진정한 덕은 타인에게도 자신에게서와 같은 본질을 인식하는 직각(直覺)적인(intuitive) 인식에서 생겨야 한다는 입장이다. 직각적으로 인식한다는 것은 어떠한 인식도 개입시키지 않고 그냥 바로 안다는 것이다. 직관이라고 할 때보다 더 아무 인식도 개입되지 않는다는 것을 강조하기 위한 표현이다. 즉 타인에게도 자신과 마찬가지로 의지가 현상하고 있고 그 타인도 의지의 현상으로 인해 고통받고 있다는 것을 직각적으로 아는 것에서 진정한 덕이 가능해진다는 것이다.

의욕은 습득할 수 없다는 것이 쇼펜하우어의 입장이다. 의욕은 의욕이기 때문에 배울 수도 없고 습득할 수도 없다. 의지가 낳은 의욕은 결국 모든 것을 자신(의욕)이 원하는 방향으로 이끌어간다. 의욕이 원하는 방향으로 이끌어가는 정도를 낮출 수도 있고 그 방법을 세련되게 할 수도 있지만, 어쨌든 의욕이 원하는 방향으로 나아가는 것은 마찬가지다. 그래서 의지로부터 자유로운 인식을 해야 모든 문제가 풀릴 수 있다. 의지의 맹목적인 움직임에 대해 개인들은 자신들의 호불호에 따라 기쁨이니 고통이니 낙인을 찍지만 의지는 아무 이유 없이 움직일 뿐이다. 파도가 오고 가듯이 삶의 일들은 무심히 일어나는데 인간은 파도처럼 밀려오는 의지의 움직임에 희로애락을 겪느라 고통스럽다. 그러나 의지의 움직임에서 자유로운 인간은 없다는 점에서 의지의 움직임은 공평하다. 이러한 의지의 움직임의 이유 없음을 직시할 때 의지로 인한 고통을 그칠 수 있다.

> 살아 있는 모든 것 속에서 영속적으로 자기 자신의 본질을 인식하면 그의 기분은 평정을 얻게 되고 심지어 명랑하게 되기도 한다. 무수한 현상에 관심을 넓히면 하나의 현상에 집중할 때처럼 마음이 불안해지지 않기 때문이다. 개인의 신상에 일어나는 우연한 사건들은 행복과 불행을 초래하기도 하지만, 개인들 전체에 일어나는 우연한 사건은 차이가 없어진다.(66절)

쇼펜하우어는 인도 사상과 불교 철학에도 조예가 깊었다. 그는 서양 철학자 중에서 불교 경전을 체계적으로 접한 최초의 철학자로 알려져 있다. 『의지와 표상으로서의 세계』의 결론은 불교에서 말하는 해탈과 아주 유사하다. 쇼펜하우어가 죽을 때까지 사용하던 책상 위에는 석가의 입상이 있었다고 한다. 쇼펜하우어는 동양의 종교에서 말하는 해탈에 이르는 과정을 서양의 언어로 잘 표현해낸 철학자라고 할 수 있다. 그는 미래에는 인도의 사상이 유럽을 가르칠 것이라고 예견했는데 지금 그의 예언이 맞아떨어지고 있는 상황이다. 오늘의 서양 사람들은 선(Zen, 禪) 등 인도 및 불교 사상에 많은 관심을 보이고 있다.

쇼펜하우어가 우파니샤드를 처음 접한 것은 1814년이다. 그는 자신의 생각과 상당히 잘 통하는 우파니샤드에 놀랐다. 그는 우리 신체감각을 통해 알려지는 세계가 일시적인 현상으로서 주관적인 표상이라는 자신의 생각이 힌두교 및 불교의 중심 생각과 유사하다는 것을 알게 되었다. 쇼펜하우어의 철학이 고통에서 시작해 해탈로 끝난다는 평가는 적절하다. 그는 자신의 결론이 우파니샤드의 주장과 겹친다고 말한다.

『의지와 표상으로서의 세계』 초판에는 불교에 대한 언급이 많지 않았는데 136쪽이 증보된 1859년의 3판에서는 불교에

· Concept Word ·

쇼펜하우어와 인도 사상

쇼펜하우어는 『의지와 표상으로서의 세계』 서문에서 자신의 저서를 이해하려면 플라톤과 칸트 철학에 대한 이해와 베다, 우파니샤드에 대한 이해부터 해야 한다고 말하면서 우파니샤드와 자기 사상의 유사성에 대해 언급한다. 자신의 사상이 우파니샤드를 단순히 반복하는 것일 뿐이라는 평가를 받기 싫었는지 쇼펜하우어는 다음과 같이 말한다. "나의 사상이 이미 우파니샤드 속에서 발견된다고 절대로 말할 수 없지만 우파니샤드를 형성하고 있는 하나하나의 단편적인 말은 그 모두가 내가 전달하고자 하는 사상에서 결론으로 도출될 수 있다."

대한 상당한 이해가 드러난다. 불교를 접하기 전에 이미 쇼펜하우어의 사상 체계가 구축되었고 불교가 결과적으로 쇼펜하우어의 사상과 유사하기에 3판에 불교적 내용이 많이 들어갔는지, 아니면 초판에서 3판에 이르는 25년 사이 불교의 영향을 받아 그러한 사상 체계를 구축했는지는 확실하지 않다. 하지만 불교에 대한 쇼펜하우어의 이해가 상당한 수준이었다는 것만큼은 분명하다.

의학과 색채학을 연구한 사람답게 쇼펜하우어는 『의지와 표상으로서의 세계』에서 과학적 사례를 많이 거론한다. 쇼펜하우어는 경험과학의 성과를 수용하면서도 과학주의에 빠지는 것은 경계했다. 과학기술 시대의 본격적인 시작점이었던 시대를 산 쇼펜하우어는 과학의 경험적 성과는 수용하면서도 과

1장 의지의 철학자 쇼펜하우어 49

학의 논리를 반성적으로 분석하여 그 한계를 드러냈다는 평가를 받는다. 과학 시대가 잃어버린 삶의 의미 문제를 제기하고, 삶의 의미를 더 이상 물을 필요가 없는 '실천적 신비주의'로 나아갔다는 것이다. 이러한 노선 덕에 그는 과학적 세계관의 흐름에 대비되는 생철학과 실존철학의 선구자로 인정받는다.

쇼펜하우어의 철학에서 가장 독특한 점은 '신체가 사물의 존재에 대한 근원적 통찰을 가능하게 한다'는 생각이다. 그는 생리학의 연구 성과를 수용해 신체가 영혼에 대해 어느 정도의 설명력을 가진다는 점을 인식했다. 쇼펜하우어에게 신체는 우리에게 의지의 존재를 직접적으로 느끼게 해주는 그 무엇이다. 쇼펜하우어는 생식기가 의지의 본래적인 초점이라고 하면서, 생식기는 신체의 다른 어떤 부분보다 훨씬 더 의지에만 종속되고 인식에는 전혀 종속되지 않는다고 주장한다. 쉽게 말해, 생식기는 인간의 신체에서 가장 생각으로 조절되지 않는 부분이라는 것이다.

개체화의 원리를 극복하고 동고를 하자는 쇼펜하우어의 주장은 톨스토이 같은 비판적 행동가들의 사회의식을 형성하는 데 영향을 끼쳤다. 동고에 관한 주장은 고통받는 인간이 남과 더불어 살 가능성을 제시해준다. 맹목적인 의지의 움직임을 보며 의지 자체가 헛되다는 것을 인식할 때 쇼펜하우어는 이를 '의지의 불꽃이 꺼진다'라고 표현한다. 그래서 의지에서 자유로워진 인간은 타인의 고통까지도 함께 느끼는 동고의 마음을 가지게 된다. 나만 이렇게 의지의 변덕에 고통을 겪는 것이 아니고 타인도 고통을 겪는다는 것을 알게 되기 때문에 동고의 마음이 가능해진다. 나와 마찬가지로 허탄한 의지의 움직임에 시달리는 타인에게 연민의 마음을 가지게 되는 것이다. 이런 사람들은 자신을 구성하는 에너지를 알고, 즉 의지가 세계를 구성함을 알고 의지가 모든 고통과 죽음을 산출하는 것을 관조한다. 관조를 통해 세계에 매혹당하지 않기에 중도와 초연함의 상태에 도달할 수 있다.

의지에서 놓여난다는 것

쇼펜하우어는 맹목적으로 움직이는 의지가 세계를 지금과 같은 모습으로 만들어서 인간에게 각종 희로애락을 불러일으킨다고 보았다. 모든 생명체에는 살고자 하는 의지가 있다. 왜 살고자 하는지, 살아서 좋은 것은 무엇인지를 묻지 않고 무작정 살고자 한다. 즉 모든 존재하는 것은 존재를 중단하지 않고 삶을 지속하고자 하는 삶에의 의지를 가진다. 인간은 살아 있음의 고통 속에서도 살기 위해 발버둥친다. 삶이 고통의 원인이라는 것을 알지만 삶이 중단되는 것을 제일 두려워하고, 오래 살기를 바란다. 쇼펜하우어는 이를 다음과 같이 생생하게 표현한다.

> 대부분의 사람들의 삶을 밖에서 보면 얼마나 무의미하고 보잘것없이 흘러가고, 안에서 갖는 느낌으로도 얼마나 숨 막히고 제정신이 아니게 흘러가는지는 정말 믿을 수 없을 정도다. 이들의 삶은 빛바랜 동경이자 괴로움이고 보잘것없는 일련의 생각을 품고 인생의 사계절을 지나서 죽음을 향해 꿈결처럼 비틀거리며 걸어가는 것이다.(58절)

모든 존재는 삶에의 의지에 사로잡혀 있기에 고통은 끊임없이 우리에게 온다. 의지의 움직임은 인간을 고려하지 않는데, 인간에게는 늘 원하는 방향이 있기에 문제가 된다. 의지의 움직임이 인간이 원하는 방향으로 이루어지지 않으면 인간은 고통을 겪게 된다. 그런데 인간의 문제는 바로, 이 맹목적인 움직임에 대한 이러저러한 판단을 다른 동물보다 훨씬 많이 한다는 것이다. 동물은 본능에 충실할 뿐 자기 자신을 문제 삼지 않는다. 하지만 인간은 본능을 가진 존재이면서도 스스로 본능에 충실한 행동을 할 때 자괴감을 느낀다. 동물은 자기 자신을 문제 삼지 않지만 인간은 자기 자신을 문제 삼는다. 인간은 자괴감을 느낄 수 있는 고등의 사고 능력을 가지고 있어서 더 고통스럽다.

쇼펜하우어는 인간은 고통 자체보다도 고통에 대한 표상때문에 고통받는다고 했다. 만약 어떤 사람이 언어폭력을 가하는 가족 탓에 힘들다고 해보자. 이 사람은 언어폭력 때문에 힘들기도 하지만 '나는 왜 가족에게 이러한 언어폭력을 당하고있는가, 가족은 이 세상에서 누구보다도 나를 가장 이해해주고격려해주어야 하는 존재가 아닌가, 가족에게 이러한 언어폭력을 당하는 것은 고통이다'라고 생각하기 때문에 더 고통스럽기도 하다. '언어폭력을 당함으로써 생기는 고통'과 '언어폭력을 당하는 것 자체가 억울한 일이라는 생각에서 생기는 고통'을 같이 느끼는 것이다. 언어폭력을 가하는 가족을 두고 '저 사람이 나에게 이러한 언어폭력을 가하는 것은 부당한 일이고 잘못된 것이다'라고 생각할 때 받는 고통의 정도와, '저 사람이 나에게 이러한 언어폭력을 가하는 것은 성장 과정에서 심리적 왜곡이 있었기 때문이므로 내가 이해를 좀 해주는 것이 좋겠다'라고 생각할 때 받는 고통의 정도는 다르다. 물론 이 말이 '무조건 이해하자'거나 '정신승리를 해야 한다'는 말은 아니다. 어떤고통을 두고 그것을 고통이라고 생각하는 경우와 고통이라고생각하지 않는 경우, 그 고통의 정도가 다름을 말하는 것이다.

인간은 자기 자신을 지배하는 의지의 맹목성을 깨닫지 못하면 고통을 받게 된다. 의지의 내적인 충돌을 인식하고 의지의 본질적인 헛됨을 인식하는 것을 쇼펜하우어는 의지의 진정제라 한다. 결국 이 두 가지 인식이 의지의 진정제로 작용하는 것인데, 이 인식은 고통으로 인해 가능해진다는 것에 주목해야 한다. 고통은 인간을 힘들게 하기는 하지만 사태의 본질을 인식하는 데 도움을 준다. 그래서 고통에 대한 표상 없이 고통 그 자체만을 인식하면 의지는 진정될 수 있다. 즉 고통에 대해 이 고통은 왜 나에게 오는가 하는 추가적인 생각을 하지 않고 누구에게나 맹목적인 의지로 인한 고통이 있음을 수용하면 고통으로 인해 많이 고통스럽지는 않게 된다. 이 지점은 불교와 상통한다.

불교에서는 희로애락이 고통이라고 한다. 이 중에서 분노와 슬픔이 고통인 것은 우리 모두가 안다. 그런데 기쁨과 즐거움은 왜 고통인가? 기쁨과 즐거움이 고통인 이유는 우리가 기쁨과 즐거움이 '그치지 않았으면' 하고 바라기 때문이다. 기쁨과 즐거움 자체가 고통은 아니다. 이것이 중단될까 봐 두려워지기 때문에 고통이 된다. 이 말은 거꾸로, 분노와 슬픔에 대해서도 '이것이 중단되어야 한다'는 생각을 하지 않으면 덜 고통스러워진다는 말이 되기도 한다. 희로애락이 고통인 이유는 분노와 슬픔은 그치기를 바라고 기쁨과 즐거움은 그치지 않기를 바라기 때문이다. '그쳤으면' 혹은 '그치지 않았으면' 하는 바람을 버리고 순수하게 희로애락을 느끼면 희로애락은 그저 흘러가는 무엇일 뿐 고통이 되지 않는다. 이러한 인식은 '마야의 베일을 벗은 인식'이고, 쇼펜하우어가 말한 '삶에의 의지 부정'이 바로 이러한 상태이다.

우리는 현실에서 성취를 이루면 행복할 것이라고 생각하고 성공을 지향한다. 그러나 쇼펜하우어가 보기에 현실에서의 성취는 진통제에 불과하다. 삶이라는 고통을 잠시 잊게 해주는 진통제 말이다. 맹목적인 삶에의 의지는 자신의 욕구를 충족시키기 위해 다른 존재는 물론 자기 자신도 파괴할 수 있다. 삶에의 의지는 이기주의에 사로잡히게 하는데, 이기주의에 사로잡히면 고통스럽다. 이기주의는 개체화의 원리에 강하게 사로잡힌 상태이다. 개체화의 원리에 사로잡힌다는 것은 의지가 개체를 형성하는 원리에 사로잡힌다는 것인데, 이는 결국 나라는 개체에 주목하는 것이고, 나와 너의 구분에 매몰되는 것을 말한다. 그런데 의지의 맹목적인 움직임을 관조하면 나도 너도 결국 의지의 맹목적인 움직임의 대행자일 뿐임을 수용하게 된다.

예를 들어 생각해보자. 우리는 누군가와 갈등할 때 '저 사람 정말 이해 안 돼!' 하면서 괴로워한다. 이 경우 저 사람이 나를 괴롭히려고 작정했다고 느끼게 되고, 그래서 더욱 괴로워진다. 그런데 그 사람도 자신을 움직이는 의지의 맹목적인 움직임에 의해 그렇게 할 수밖에 없는 측면이 있다는 것을 받아들이면 이야기는 달라진다. 나도 어쩔 수 없는 나의 경향성이 있듯이 그에게도 어쩔 수 없는 그의 경향성이 있다. 그 어쩔 수 없는 경향성이 사실은 의지의 맹목적인 움직임에 의한 것이라고 보게 되면 그가 그러한 모습인 것이 그만의 책임도 아니고 내가 이러한 모습인 것이 나만의 책임도 아니라는 것을 받아들이게 된다. (그렇다고 해서 현실에서 법적·윤리적 책임을 지지 않아도 된다는 이야기는 아니다. 어쩔 수 없이 현실에서는 책임을 져야 한다. 자신에게 구현된 의지의 경향성을 의식하고 어느 정도 조절할 의무가 개인에게 있으니 말이다.)

'그'라는 개체에 구현된 의지나 '나'라는 개체에 구현된 의지가 결국은 하나이고 너나 할 것 없이 의지의 맹목적인 움직임에 의해 그렇게 되는 측면이 있음을 받아들이는 것이 곧 개체화의 원리에 매이지 않는 것이다. 즉 '나'라는 개체에 매몰되지 않고 '그'라는 개체에 매몰되지 않는 것이다. 그러니까 그도 의지가 그렇게 구현되어 그렇게 살고 나도 의지가 이렇게 구현되어 이렇게 사는 존재인데 결국 너나 나나 모두 의지의 맹목적인 움직임에 따라 고통을 느끼게 된다는 것을 알게 되면 그 사람의 고통이 나와 무관하게 여겨지지 않는 마음, 즉 동고의 마음을 가지게 된다.

우리는 쇼펜하우어를 통해서 고통받는 인간이 남과 더불어 살 가능성을 확보할 수 있게 된다. 이유 없이 움직이는 의지의 작용에 따라 기뻐하고 슬퍼하기 마련인 인간의 기본 조건을 파악하게 되면, 궁극적으로 이 의지의 맹목성에 휘둘리는 것 자체가 문제임을 알게 된다. 그러면 이 의지의 작용에 지나치게 영향받지 않도록 자신의 마음을 간수하려고 노력하게 될 것이다. 단순한 정신 승리에 그치지 않고 의지 자체를 떠나는 길, 그리고 개체화의 원리에 매이지 않고 동고의 마음을 가지는 길에 나서보자.

2장

『의지와 표상으로서의 세계』 읽기

세계는 나의 표상이다

표상의 전체인 세계

『의지와 표상으로서의 세계』는 "세계는 나의 표상이다" 라는 문장으로 시작한다. 우리에게 감지되는 이 세상은 바로 '표상으로서의 세계'라는 것이다. 표상(表象)은 인간의 오감에 의해 인지된 것을 말한다. 우리가 감지하는 이 모든 것이 표상이고 우리는 바로 이 '표상의 전체'를 세계라고 부른다. 표상(Vorstellung)이라는 독일어를 글자 그대로 풀면 '앞에서 있는 것'이다. 표상이라는 말은 독일어 Vorstellung과 영어

representation의 번역어다. 표상이라는 말은 '감각에 의하여 획득한 현상이 마음속에서 재생된 것', '지각에 따라 나타난 외부 대상의 상(像)'이라는 의미로 사용된다. 표상은 결국 인간이 인식하는 내용이다.

우리는 '우리가 파악하는 것의 총체'를 세계라고 느낀다. 그런데 내가 세계라고 감지하는 이 모든 것이 정말 원래 이렇게 생겼는지 나에게만 이렇게 보이는지 확인할 방법이 있는가? 내가 세계를 지금 파악하는 방식으로만 파악할 수 있는 존재라면, 나에게 세계는 계속 이러한 방식으로 존재하는 그 무언가다. 가만히 생각해보면, 내가 감지하는 세계가 실제 세계와 같은지 다른지 확인할 방법은 없다. 나에게는 세계가 이렇게만 파악될 수 있으니 말이다. 여기서 '실제 그대로의 세계'를 칸트는 물자체(物自體)라 칭했고 우리가 감지하는 세계를 현상계라 칭했다. 쇼펜하우어는 칸트의 구분을 이어받아 세계를 '의지로서의 세계'와 '표상으로서의 세계'로 구분한다. 물자체는 인간에게 인식을 일으키기는 하지만 그것이 무엇인지는 알 수 없다고 칸트는 주장한다. 인간은 물자체가 촉발한 현상만을 인식할 뿐이기 때문이다. 칸트는 물자체를 알 수 없다고 주장했는데 쇼펜하우어는 이 물자체가 의지라고 선언한 것이다.

여러분은 세계에 대해 어떻게 생각하는가? 우리는 세계의

칸트의 물자체와 쇼펜하우어의 물자체

칸트는 있는 그대로의 세계를 물자체라 칭하고 인간은 물자체를 그대로 인식할 수 없다고 주장했다. 인간은 시간과 공간 안에 있는 것만 감지할 수 있기 때문에 물자체 중에서 시간과 공간의 형식으로 포착되는 것만 인식할 수 있다. 시간과 공간의 형식으로 포착 가능해서 인간이 경험하는 세계를 현상계라고 한다. 쇼펜하우어는 칸트의 물자체 개념을 그대로 사용한다. 칸트는 물자체는 현상계를 촉발할 뿐 물자체를 규정할 수는 없다고 주장했지만, 쇼펜하우어는 그 물자체를 의지로 규정한다는 데 차이가 있다. 쇼펜하우어도 인간은 물자체인 의지의 세계를 인식할 수 없으며 의지가 표상으로 드러난 세계만 인식할 수 있다고 보기 때문에 인간은 물자체를 인식할 수 없고 인식 범위에 들어오는 현상계만 인식할 수 있다고 본다는 점에서 칸트와 동일하다.

실재를 인식한다고 생각하는가, 아니면 우리에게 인식되는 방식으로만 인식할 수 있을 뿐이라고 생각하는가? 다시 말해 세계가 A이기에 우리가 A로 인식한다고 보는가, 아니면 세계가 우리에게 A로 드러나기에 세계를 A로 인식할 뿐이지 세계의 실재가 A임을 확인할 수는 없다고 보는가? 전자라면 실재론을 견지하는 것이고, 후자라면 관념론을 견지하는 것이다. 실재론에서는 세계가 A이기에 우리가 A로 인식한다고 본다. 간혹 실재 A를 A′로 잘못 인식하는 경우도 생기지만, 이는 실재 A 덕분에 그 진위를 확인할 수 있으므로 문제가 되지 않는다고 본다. 관념론에서는 세계가 인간에게 일으킨 관념이 A면 인간은 세상을 A로 인식하고, 세계가 인간에게 일으킨 관념이 B면 인간은 세상을 B로 인식한다고 본다. 이 A와 B가 세계의 실재와 어느 정도나 일치하는지는 영원히 확인할 방법이 없다. 우리 모두는 관념으로밖에 세상을 받아들이지 못하기 때문이다.

실재론이 객체에 중점을 둔다면 관념론은 주체에 중점을 둔다고 할 수 있다. 그런데 쇼펜하우어는 주체나 객체는 동시적으로만 존재할 수 있다고 본다. 인간 인식의 조건상 주관과 객관이 구분될 수밖에 없기에 인간은 표상으로서의 세계만을 인식한다. '표상으로서의 세계'라는 표현으로 쇼펜하우어가 말하고자 하는 것은 인간은 표상으로밖에 세계를 감지하지 못한다는 것이다. 다시 말해, 인간이 세계를 감지하는 방식이 표상이라는 것이다. 우리가 경험하는 바로 이 세계는 인간이라면 그렇게 인식할 수밖에 없는 '표상으로서의 세계'라는 것이다. 그러니까 표상이라는 말에 전제되어 있는 것은 인식 주관, 즉 인식 주체다. 쇼펜하우어 철학에서 전체 세계는 인식 주체와의 관계 속에서만 존재하는 객관이다. 세계는 인식 주관에게 포착된 일종의 상(像)이고, 주관과의 관계에서만 존재하는 객관이다.

그런데 이러한 진실을 인식할 수 있는 존재는 인간뿐이다. 인간만이 세계가 표상이라는 것을 알아차릴 수 있다. 인간 누구나 자기 자신을 주관으로 발견한다. 여러분은 언제 자기 자신이 이 세상에 존재한다는 것을 자각했는가? 우리는 무엇인가를 만지고 느끼면서 자기 자신을 자각한다. 물이라는 신비로운 물질을 만지면서 '물이라는 물질이 존재하고 나는 이 물질의 존재를 느끼고 있다'는 것을 자각한다. 이런 순간이 바로 스스로를 주관으로 발견하는 순간이다. 인간은 태어날 때부터 이미 '무엇인가를 보고 인식하는 존재'로 있다. 처음에는 무언가를 보고 듣고 느끼느라 바빠서 자신이 보고 듣고 느낀다는 사실을 자각하지 못한다. 그러다가 자신이 보고 듣고 느낀다는 사실을 자각하는 순간이 온다. 이 순간이 자아를 느끼는 순간이다.

인식 주관인 인간

인간은 어떤 소리를 들을 때 좋은지, 어떤 것을 볼 때 힘든지, 어떤 것을 만질 때 싫은지 등을 알아가는 과정을 통해 자신의 오감에 쾌적한 감각을 제공하는 것은 찾아다니고 불쾌한 감각을 제공하는 것은 멀리하게 된다. 그런데 이렇게 찾으려 하고 멀리하려 하는 자신의 경향성에 따라 행동하기는 하지만 자신의 경향성 자체를 인식하는 것은 어렵다. 이는 마치 눈이 눈을 볼 수 없는 것과 마찬가지다. 그래서 쇼펜하우어는 인식 주관은 모든 것을 인식하지만 어느 것에 의해서도 인식되지 않는다고 말한다.

표상으로서의 세계는 인식 주관에 의해 형성된다. 쇼펜하우어는 "주관 없이는 객관이나 대상이 존재하지 않는다"고 말한다. 그러니까 예를 들어 고통을 느끼는 주체 없이는 고통을 불러일으키는 대상이라는 것이 있을 수 없다는 말이다. 이를 철학적인 표현으로 바꾸면 "객체는 주체 없이 절대로 표상될 수 없다"고 할 수 있다. 객체는 인식되는 대상이고 주체는 인식하는 인간을 말한다. 사물은 그것을 보는 사람이 없으면 인식의 대상이 될 수 없다. 그러니까 "객체가 있다"고 말한다는 것은 주체도 이미 있다는 소리다. 그리고 의식은 항상 무엇에 대한 의식이다. 인간에게는 '~~에 대한 의식'만이 가능하다. 그런데 인간은 자기 스스로를 인식의 대상으로 삼는 능력이 있다. 그러니까 인간은 스스로 인식 주체이면서 스스로를 인식의 대상으로 삼을 능력이 있는 존재다. 인간은 주체이면서 객체일 수 있는 존재인 것이다.

인간의 인식에서는 왜 주체와 객체가 구분되는지, 주체는 어떻게 객체를 인식할 수 있는지에 대해서는 많은 철학자들이

주체와 객체에 대한 쇼펜하우어의 입장

쇼펜하우어의 입장은 '주체가 있기 때문에 객체가 있다'는 것이 아니고 '주체가 주어질 때 객체가 있을 수 있고, 객체가 주어질 때 주체가 있을 수 있다'는 것이다. 주체와 객체는 동시적으로만 주어질 수 있다는 것이다. 주체는 객체가 있기 때문에 주체일 수 있고, 객체는 주체가 있기 때문에 객체일 수 있으니 이 말은 맞는 말이다. 철학사에서는 이 주체와 객체의 관계에 대한 여러 주장이 난무하는데 주로 객체를 강조하는 입장(실재론: 객체가 어떠냐에 따라 주체의 인식이 달라진다)과 주체를 강조하는 입장(관념론: 주체가 어떻게 인식하느냐에 따라 객체가 달리 인식된다)이 구분되고 있다. 여기서 쇼펜하우어는 주체를 강조하거나 객체를 강조하는 입장이 아니라 동시적으로만 존재할 수 있다는 것을 강조한다. 특히 주체 때문에 객체가 존재한다거나 객체 때문에 주체가 존재한다든가 하는 주장은 불가능하다고 생각한다. 주체와 객체 중 어느 하나가 다른 하나로부터 도출되어야 하는 것은 아니라는 주장임을 분명히 알아두자.

골머리를 앓아오기는 했지만 인간 인식의 한계 탓에 명료히 밝힐 수는 없을 것이다. 왜 인간은 그렇게 파악할 수밖에 없는지 우리 인간이 어떻게 알겠는가? 다시 말해 인간이 이렇게 생겨먹게 된 것을 인간이 파악할 수 있는 방법은 없을 것이다. 우리 인간은 태어나보니 이미 이런 방식으로 존재하고 있지 않았던가. 인간을 지은 창조주가 있다면 그 창조주는 알겠지만 말이다.

인간 인식의 구조로는 주체와 객관의 관계가 왜 그러한지 알 수 없지만 여하간 '실제로 그렇다'. 즉 '주체 없이 객관을 인

인간 인식의 한계

개는 입체를 인식하지 못하는데 인간은 입체를 인식한다. 그러니까 개의 인식은 2차원에 머무는 반면 인간의 인식은 3차원까지 가능한 것이다. 개가 자신들이 왜 2차원에 머무는지 모르는 것처럼 우리 인간은 왜 3차원에만 머무는지를 알 수 없다. 만약에 우리와 전혀 다른 존재자가 있어서 4차원을 인식할 수 있다면 우리의 인식이 3차원에만 국한되는 이유를 해명할 수 있겠지만 우리는 그런 존재자를 만나본 적도 없고 4차원이 있는지 없는지조차 확신하지 못한다. 이것이 인간 인식의 한계다.

식할 수는 없다'는 것까지만 알 수 있을 뿐이다. 그래서 주체와 객체 사이에는 증명 불가능한 관계가 정립되어 있다고 해야 할 것이다. 그런데 이 인식 주관이 세계를 인식할 때 의존하게 되는 원리가 근거율이다. 그리하여 쇼펜하우어가 말하는 충분근거율은 주관과 객관 사이의 관계를 설명하는 인식의 원리로 이해될 수 있다.

충분근거율에 입각해 표상하는 인간

충분근거율은 모든 표상을 지배하는 법칙인데, 이는 객관과 관련된 원리가 아니라 주관과 관련된 원리다. 쇼펜하우어는 인간이 표상을 할 때 존재의 근거율, 인식의 근거율, 생성의 근거율, 행위의 근거율이라는 충분근거율에 따른다고 주장했다. 더 자세히 말하자면, 인간이 표상을 할 때 표상의 과정에 작용하는 어떤 원리가 있는데, 그 원리를 '충분근거율'이라고 칭했다 해야 할 것이다. 인간은 충분근거율에 입각해 대상을 인식한다. 충분근거율은 경험을 가능하게 하는 근거다. 그런데 충분근거율이 적용되는 영역이 있고 적용되지 않는 영역이 있다. 충분근거율이 적용되는 영역은 인식 가능한 영역이고 적용되지 않는 영역은 인식 가능하지 않은 영역이다. 아니 어쩌면 인식 가능한 영역에서 사용되는 인식의 원리가 충분근거율이라고 하는 것이 더 정확하겠다.

우리는 있는 그대로의 세계를 인식하는가? 우리가 세계의 전부를 있는 그대로 인식하는지 아니면 일부만 인식하면서 세계의 전부를 인식한다고 착각하는지는 확인하기 어렵다. 칸트는 '인간은 있는 그대로 인식한다는 보장이 없다'는 의견을 피력했음을 앞에서 보았다. '있는 그대로의 세계'를 칭하는 '물자체'는 용어가 낯설어서 오히려 영어 표현이 더 분명하게 느껴질 수도 있겠다. thing-in-itself. 우리가 보는 세계가 정말 '있는 그대로의 세계'인지, 우리는 인식할 수 있는 것만 인식하는데 그 인식된 전부를 세계라 하는 것인지는 철학의 오래된 물음이었다. 이 문제에서 칸트는 '인간은 인식할 수 있는 것만 인식한다'는 결론을 내렸다. 여기서 인간이 인식하는 영역을 현상계라고 칭함을 앞에서 보았다. 현상계는 '물자체가 촉발해서 인간이 인식하게 되는 영역'이다. 현상계와 물자체가 일치하는지 일치하지 않는지를 유의미하게 이야기할 수 있는 사람은 없다. 그렇지만 물자체를 모두 인식한다고 보기 어렵다는 것은 과학으로 확인되기는 한다.

예를 들어 살펴보자. 인간의 가청주파수는 16헤르츠에서 2만 헤르츠다. 인간이 듣지 못한다고 해서 16헤르츠 미만의 소리나 2만 헤르츠 이상의 소리가 존재하지 않는 것은 아니다. 마찬가지로 인간의 인식 능력이 닿지 않는 영역이라고 해서 존재하지 않는다는 보장은 없다. 어쩌면 신의 영역은 존재하기는 하지만 인간의 인식 능력이 닿지 못해서 파악하지 못하는 것인지도 모른다. 그래서 칸트는 신에 대해서는 지식이 가능하지 않고 단지 신앙만이 가능하다고 결론내렸다. 신은 믿음의 대상이지 지식의 대상은 아니라는 것이다. 신의 영역은 인간의 인식 능력을 벗어나는 범위이기 때문에 신이 존재하는지 존재하지 않는지는 지식의 차원에서는 뭐라 말할 수 없다는 것이다. 다만 신이 존재한다고 믿거나 믿지 않는 것만 가능하다.

쇼펜하우어가 말하는 충분근거율도 인식 원리다. 사물이

충분근거율에 입각해 존재하는 것이 아니고 인간이 충분근거율로 인식하는 것이다. 생긴 대로 보는 것이 아니라 인간이 보는 방식대로 볼 뿐이라는 것이다. 물론 인간의 인식 방식이 충분근거율에 따르기 때문에 충분근거율에 따라 인식하는 것이지, 원래 존재하는 방식이 충분근거율에 입각해 있기 때문에 충분근거율에 입각해 인식하는 것이 아니라는 말이다. 예를 들어 생각해보자. 현대 물리학은 우리에게 노란 분필이 원래 노란색인 것은 아니라고 알려준다. 노란 분필은 노란색을 반사하기 때문에 우리 눈에 노란 분필로 보인다는 것이다. 그러면 우리는 반사하는 빛깔을 그 분필의 빛깔이라고 보아야 하는가, 그 분필이 보유하고 있는 빛깔을 그 분필의 빛깔로 보아야 하는가? 인간의 눈에 보이는 빛깔로 그 사물의 색깔을 칭할 수밖에 없는 것이 현실이다. 우리 인간의 눈에는 노란색으로 보이니 우리는 그 분필을 노란 분필이라고 하는 것이다. 그러니 노란 분필이 '원래 노란 분필이어서 노란 분필이라고 한다'가 아니라 '인간은 그 사물을 노란 분필이라는 표상으로 포착한다'고 말해야 정확할 것이다.

인간이 표상을 형성하는 인식 원리가 근거율이다. 그렇기에 쇼펜하우어는 '표상으로서의 세계는 근거율에 종속되어 있다'고 표현한다. 충분근거율의 네 가지 뿌리는 존재의 근거율,

생성의 근거율, 인식의 근거율, 행위의 근거율이다. 인간에게는 존재하는 것, 만들어지는 것, 인식하는 것, 행위하는 것을 파악하는 원리가 있다는 것이다. 인간은 '왜 그러한가'를 묻는 방식으로 인식한다. 이것이 근거율에 입각해 인식한다는 의미다. 무언가가 왜 일어났는가를 묻는 것은 결국 생성의 근거율을 묻는 것이고, 무언가가 왜 그러한가를 묻는 것은 인식의 근거율을 묻는 것이며, 무언가가 왜 행해지는가를 묻는 것은 행위의 근거율을 묻는 것이다. 인간은 시간과 공간을 배제하고는 존재를 파악할 수 없기에 시간과 공간은 존재의 근거율이다. 시간과 공간이 존재를 가능하게 하고(존재의 근거율), 무언가 새로 만들어지는 데는 원인이 있고(생성의 근거율), 이성의 논리 규칙이 인식을 가능하게 하고(인식의 근거율), 동기가 행위를 가능하게 한다(행위의 근거율). 인간은 이 네 가지 충분근거율로 세계를 표상으로 정립한다.

생성의 근거율은 표상들을 인과적으로 결합하고 인식의 근거율은 표상들을 논리적·개념적으로 결합하는 역할을 한다. 존재의 근거율은 표상들을 공간적·시간적으로 결합하는 원리며 행위의 근거율은 표상들을 동기에 따라 결합하는 원리다. 암호같이 느껴지는 말인가? 그럴 것이다. 하나하나 따져보자.

생성의 근거율은 우리가 경험 속에서 파악하는 대상들의

모든 변화를 설명한다. 사물들의 생성과 변화를 설명하는 근거율인 것이다. 씨앗에서 잎이 나고 꽃이 피고 열매가 맺는 과정을 보면, 씨앗이 성장함에 따라 그때그때 새로운 상태로 돌입하는 것을 알 수 있다. 씨앗에 적절한 자양분과 물, 햇빛이 공급되면 잎이 나온다. 이 과정을 씨앗에서 잎이 생성되었다고 표현할 수 있을 것이다. 씨앗이 잎을 산출하고 잎이 꽃을 산출하고 꽃이 열매를 산출하는 과정은 생성의 근거율로 설명될 수 있다. 씨앗이 잎의 생성 근거이고, 잎이 꽃의 생성 근거이고, 꽃이 열매의 생성 근거가 되는 것이다. 생성의 근거율에 의해 개념적으로 파악되는 것이 바로 인과율이다. 씨앗이 잎의 원인이고 잎은 씨앗의 결과다. 생성의 근거율에 따라 특정한 사물의 상태 변화를 포착하게 되면, 앞의 상태를 원인이라 하고 뒤의 상태를 결과라 하게 된다. 사실 인과관계를 파악할 때 인간은 이미 생성의 근거율을 암묵적으로 함께 생각하고 있게 된다. 쇼펜하우어는 이를 "생성의 근거율이 원인과 결과 사이의 필연적인 결합을 지시한다"라는 표현으로 설명했다.

인간은 생성의 근거율을 통해서 지각에 주어진 것을 시간과 공간 속에서 파악할 수 있다. 씨앗에서 잎이 나왔으면, 잎은 시간과 공간을 차지하며 존재로 파악된다는 말이다. 이를 쇼펜하우어는 '생성의 근거율의 작용을 통해서 파악된 것이 시간과 공간이라는 직관의 형식 속에서 주어진다'고 표현한다. 철학에서는 시간과 공간을 직관의 형식이라고 한다. 시간과 공간이라는 형식이 있어야 무엇이든 지각할 수 있다는 의미에서 시간과 공간을 직관의 형식이라고 한다.

이 시간과 공간이 바로 존재의 근거율이다. 시간과 공간을 배제하고는 존재를 생각할 수 없기 때문이다. 모든 표상은 공간적인 위치와 시간적인 흐름 속에서만 파악된다. 공간적인 앞뒤의 구분이 없고 시간적인 선후의 구분이 없다면, 표상이 가능하지 않을 것이다. 우리가 무언가를 떠올릴 때 시간과 공간을 배제한다면 그 무언가를 떠올리는 일 자체가 불가능해진다. 시간은 연속이라는 관계를 표현하고 공간은 위치라는 관계를 표현한다. 쇼펜하우어는 시간과 공간을 '개체화의 원리'로 들고 있다.

시간과 공간을 개체화의 원리로 보는 것은 철학에서 통상 인정되는 내용이다. 왜 시간과 공간이 개체화의 원리인가? 단순화해서 예를 들어보겠다. 너와 나의 존재가 다른 것은 너와 내가 같은 시간에 존재하지만 차지하고 있는 공간이 다르기 때문이다. 공간이 구분되지도, 시간이 구분되지도 않는다면 너와 나는 동일한 존재라고 볼 수밖에 없을 것이다. 시간과 공간의 구분 말고는 이 존재자와 저 존재자를 구분하는 방법은 없

· Concept Word ·

존재의 근거율인 시간과 공간

쇼펜하우어는 "시간과 공간은 각기 독립하여 물질의 전제가 되는 것이 아니라 둘이 하나가 되어 물질의 본질을 이룬다"고 말한다. 공간의 규정 없이 시간의 규정만 있거나 시간의 규정 없이 공간의 규정만 있어서는 물질의 작용이 나타날 수 없다. 시간과 공간의 규정이 함께 있어야 물질의 작용이 작용으로서 기능할 수 있다. 인과관계의 법칙에 의해 규정되는 것은 단순히 시간에 있어서 여러 상태의 연속이 아니라 일정한 공간을 참작한 계속이며 일정한 장소에서 여러 상태의 존재가 아니라 일정한 시간과 장소에 있어서 여러 상태의 존재다.

기 때문이다. 책상과 의자의 경우를 생각해보자. 흔히들 책상과 의자는 모양도 다르고 기능도 다르기 때문에 구분된다고 생각할 것이다. 그런데 이를 정밀하게 따져보자. 책상과 의자는 동시에 같은 지점에 놓일 수는 없다. 책상과 의자가 기능이 다르고 모양이 다르다는 것은 부차적인 문제다. 그보다는 먼저 시간과 공간이 다르다는 것이 더 기초적인 구분이다. 기능이나 모양은 보는 사람에 따라서 이견이 생길 수 있는 부분이고, 또한 시간과 공간보다는 부차적인 조건이기 때문이다. 그래서 철학에서는 시간과 공간을 개별화·개체화의 원리라고 본다. 이 사물과 저 사물이 구분되는 가장 근원적인 이유는 그 사물이 차지하고 있는 시간과 공간이 다르다는 것이다.

이쯤 설명을 듣고서 '아, 그 공간을 차지하고 있던 물건이 시간이 지나서 다른 자리로 옮겨가고 그 자리에 다른 물건이 들어올 수 있으니까 점유하는 공간은 같되 점유하는 시간은 다른 물건이 있을 수 있는 것이고, 내 방에 지금 동시에 이렇게 여러 물건이 있으니까 점유하는 시간은 같되 점유하는 공간은 다른 물건이 있는 게 맞구나. 그러니까 이 사물과 저 사물을 구분하는 가장 기초적인 원리는 시간과 공간이라는 말이 타당하구나'라는 생각이 든다면 철학적 소양이 있는 사람이라고 하겠다.

인식의 근거율은 사유의 근거율인데 사유는 다양한 개념을 결합하거나 분리하는 의식의 작용이다. 인식의 근거율을 통해서 쇼펜하우어가 주장하는 것은 하나의 판단이 인식을 구성하려면 충분한 근거를 가져야 한다는 것이다. 인식의 근거율은 이성에 부합하는 근거율이다. 하나의 판단이 참이라는 것은 그것이 충분한 근거를 지닐 때 비로소 가능한 것이다. 이성은 인식의 근거율을 통해서 개념들과 판단들을 결합하는 작용을 한다.

행위의 근거율은 행위를 가능하게 하는 동기다. 동기가 있기 때문에 행위가 일어난다는 것이다. 순간적으로 또는 일회적으로 일어나는 행위일지라도 동기를 설명할 수 있다. 행위의 근거율은 외부의 대상과 관계하는 것이 아니라 주관의 의욕과 관계한다. 우리의 내면 세계를 살펴보면 우리가 욕구하면서 존재한다는 사실을 알 수 있는데, 이 의욕을 '내면의 운동'이라 할 수 있을 것이다. 의욕은 인간이 지닌 다양한 감정과 충동 그리고 기분을 지칭하는 용어다. 인간의 행위는 항상 내적으로 특정한 동기를 갖고 있는데 여기서 동기란 '의욕이 드러난 것'이다. 인간의 행동은 내면에서 보면 인과적으로 파악할 수 있다.

인간의 인식 능력

쇼펜하우어는 박사학위 논문인 「충분근거율의 네 가지 뿌리에 관하여」에서 우리가 세계를 경험하는 것은 세계 자체를 경험하는 것이 아니라 충분근거율을 통해서 세계를 파악하는 것이라고 주장했다. 세계에 대한 경험은 우리의 선험적인(경험 이전의) 인식의 제약 아래에서 이루어진다. 이 말은 인간은 인간의 인식 능력 범위 안에서만 세계를 인식한다는 의미다. 이를 '우리는 세계 자체를 인식할 수는 없으며 인식된 세계는 인식하는 주관에 의해 제약된다'고 표현할 수 있는 것이다. 자, 그러면 이에 대한 쇼펜하우어의 직접적인 언급을 살펴볼 수 있는 준비가 되었으니 『의지와 표상으로서의 세계』의 맨 앞부분을 보자.

> '세계는 나의 표상이다.' 이 말은 삶을 살면서 인식하는 모든 존재자에게 적용되는 진리다. 하지만 인간만이 이 진리를 반성적·추상적으로 의식할 수 있으며, 인간이 실제로 이것을 의식할 때 인간의 철학적 사려 깊음이 생긴다.(1절)

인간에게는 세계가 표상으로 되어 있고, 이렇게 표상하는 능력은 인간에게만 있는 것이 아니라 인식할 수 있는 모든 존재자에게 있는 것임을 말하고 있다. 즉 동물도 표상 능력은 있다는 것이다. 그러나 반성 능력은 인간에게만 있음을 말하고 있다. 물론 인간의 표상 능력은 동물의 표상 능력보다 고차원적이다. 표상은 감각이 제공한 상(象)들을 처리하는 정신적 능력에 의해 생긴다. 그 정신적 능력에서 동물보다 인간이 더 고차원적인 것이다.

동물은 현재와 관련된 직관적 표상을 가진다. 차가 자신 앞으로 돌진하면 재빨리 피하고, 누군가가 먹을 것을 주면 그 사람에게 다가간다. 먹을 것을 주는지 위험한 물체가 자신에게 다가오는지 등을 파악하는 정도의 표상이 직관적 표상이다. 동물은 현재 속에서만 살지만 인간은 현재와 더불어 미래와 과거 속에서도 산다. 그래서 인간을 규정하는 것은 추상적 개념이지만 동물을 규정하는 것은 현재의 인상이다. 동물의 표상은 직접적으로 보고 느끼는 직관적 표상에 국한되지만 인간은 직관적 표상은 물론 추상적 표상까지도 가질 수 있다.

쇼펜하우어는 어렴풋하고 무의미한 감각을 직관으로 바꾸는 것은 지성(오성)이라고 말한다. 지성(오성)은 신체가 경험하는 변화를 직접 인식하고 감지하는 능력이다. 동물도 이러한 수준의 지성(오성)을 가지고 있다. 영리한 동물은 인간이 놀라워할 정도의 행동을 한다. 그런데 동물의 그러한 행동은 이성의 작용은 아니다. 무엇인가 위험한 물체가 나타나면 놀라운 속도로 즉각적으로 피하는 경우를 보자. 이 경우는 다가오는 물체가 위험한지 위험하지 않은지를 지성(오성)의 차원에서 판단하고 그에 따라 대처하는 것이다. 강아지들도 개껌이 좋은 것임을 알고 개껌을 달라는 표현을 할 줄 안다. 이 정도의 단계가 지성(오성)의 단계다. 지성(오성)이 부족하다는 것은 인과율의 적용에 둔감하다는 것이다. 지성(오성)의 기능은 원인과 결과의 관계를 직접 인식하는 것이다.

인간은 이 단계를 넘어 개념적 사유를 한다. 직관은 지성(오성)의 작용이고 이성의 영향은 받지 않는다. 그런데 개념적 사

지성이냐 오성이냐

'Verstand'를 지성으로 번역할 것이냐 오성으로 번역할 것이냐는 철학계의 오래된 논쟁거리다. Verstand는 독일어 'verstehen(이해하다)'이라는 동사에서 나온 말이고, Verrnunft는 'vernehmen(경청하다)'에서 파생된 말이다. 독일어에서는 Verstand와 Vernunft가 구분되는데 이를 한국어로 옮길 때 문제가 된다. 칸트 철학에서 Verstand는 '판단을 성립하게 만드는 능력'이고 Vernunft는 '통합해서 이해하는 사유 능력'이다. 그래서 오래도록 Verstand는 오성(悟性)으로 번역하고 Vernunft는 이성으로 번역해왔다. 그러나 오성의 '오' 자가 '깨달을 오'여서 원어의 의미에 부합하지 않는다는 이견이 꾸준히 제기되어왔다. 현대 독일어의 사용 맥락으로 보면 Verstand를 지성이라 번역하는 것이 적절하나, 쇼펜하우어는 칸트의 철학을 계승하면서 Verstand를 '신체가 경험하는 변화를 직접 인식하고 감지하는 능력'의 의미로 사용하고 있기에 어쩔 수 없이 '지성(오성)'으로 표기했다.

유는 지성(오성)의 능력을 바탕으로 해서만 가능해진다. 어떤 것을 직관하지 않으면 인식의 내용이 없어서 사유를 할 수도 없다. 그래서 쇼펜하우어는 이성의 개념은 모든 내용을 직관적 인식과 관계해서만 얻는다고 말한다. 동물은 직관적 표상만 가질 수 있지만 인간은 직관적 표상도 추상적 표상도 가질 수 있다. 동물은 위험한 물체, 맛있는 먹이 등을 직관적으로 인식할 수 있지만, 사랑이니 우정이니 하는 추상적 표상을 가질 수 없다. 인간만이 이러한 추상적 표상을 가질 수 있다.

지성(오성)은 원인과 결과를 파악할 수 있는 능력인데, 원인과 결과를 파악하게 해주는 출발점이 되는 것은 바로 신체의 감각, 즉 신체의 변화에 대한 직접적인 인식이다. 신체는 본래 '객관'으로 존재하는 것이 아니고 여기에 작용을 끼치는 물체로 존재한다. 그래서 신체는 주관적 인식의 출발점이 되는 표상이다. 총명하다는 것은 지성(오성)이 예민하게 작동한다는 것이다. 쇼펜하우어는 인간에게는 지성(오성)과 이성이 같이 작동하지만 동물에게는 지성(오성)만 작동하는데, 어떤 경우는 동물의 지성(오성)이 예민하게 작동해 인간을 놀라게 하는 경우가 있다고 하면서 유럽을 여행하는 동안 코끼리를 관찰한 경험을 이야기한다. 다리를 많이 건너본 코끼리 무리가 어느 다리에 이르자 그 다리의 구조가 자기들의 체중을 감당하기에는 너무 약하다고 감지해서 그 다리를 건너려 하지 않았다는 사례는 코끼리 지성(오성)의 영리함을 보여준다. 그런데 영리하다고 여겨지는 오랑우탄이 불을 발견하면 그 불을 쬐기는 하지만 그 불에 나뭇가지를 더 넣어 불을 꺼지지 않게 하는 방법은 모른다는 것을 지적한다. 나뭇가지를 넣어서 불을 꺼지지 않게 하는 데는 도구를 사용할 줄 아는 반성 능력이 필요하기 때문일 것이다.

원인과 결과에 대한 인식이 일반적인 지성(오성)의 형식으로서, 심지어 동물에게도 선험적으로 내재하고 있다는 사실은,

그 인식이 우리에게와 마찬가지로 동물에게도 외부세계에 대한 모든 직관적 인식의 선행조건이라는 점에서 볼 때 아주 확실하다. 그래도 아직 특별한 예증을 원한다면 예컨대 아주 어린 강아지라 하더라도 아무리 책상에서 뛰어내리고 싶어도 감히 뛰어내리지 못하는 것을 보면 된다. 아무튼 이 특별한 경우를 이미 경험으로 알지는 못하지만 강아지는 자신의 체중이 미칠 결과를 미리 알고 있기 때문이다.(6절)

쇼펜하우어가 말하는 지성(오성)이 없다면 동물들에게 훈련을 시키는 것이 가능하지 않을 것이다. 보통 철학자들은 칸트의 영향으로 인해 지성(오성)이라는 용어를 '판단력'의 의미로 사용하는데, 쇼펜하우어는 직접적인 지각 능력, 즉 직관 능력이라는 의미로 사용하고 있다. 이에 비해 이성은 개념적인 것과 관계하는 능력이다. 이성은 표상들을 개념적으로 결합하는 능력이다. 이성의 작용은 추상화이며 이성의 능력은 직접적인 지각이 아니라 개념을 통한 반성의 능력이다. 동물에서는 찾아볼 수 없는 인간만의 탁월한 능력이다.

그러나 이러한 인간의 능력은 고통의 근원이 된다. 쇼펜하우어는 "인간은 능력에 있어서나 고통에 있어서나 동물을 능가한다"고 말한다. 그리고 동물은 눈앞의 욕구만 해결하려 하지만 인간은 현재뿐 아니라 과거와 미래 속에서도 산다고 설명한다. 이는 능력의 차원에서 보자면 동물은 현재의 문제만 해결할 수 있으나 인간은 현재와 미래의 문제까지도 해결할 수 있다는 것이 된다. 그러나 고통의 차원에서 보자면 인간은 현재뿐 아니라 과거와 미래의 고통까지도 짊어지고 고통받게 된다는 것을 말하는 셈이 된다.

의지가 객관화된 것이 세계다

의지가 객관화된다는 것

동물과 달리 인간은 이성으로 파악되지 않는 세계에 대한 갈망을 갖고 있다. 이 갈망을 형이상학적인 욕구라 한다. 이러한 형이상학적 욕구 때문에 인간은 누구나 세계의 변화를 가능하게 하는 것이 무엇인지 궁금해한다. 철학은 사실 이에 대한 답을 하려고 노력해온 학문이다. 이에 대한 쇼펜하우어의 답은 '의지의 작용 때문'이라는 것이다. 충분근거율인 시간과 공간은 의지가 표상으로 드러나는 것을 가능하게 하는 형식이다, 의지는 시간과 공간을 통해서 비로소 객관화되어 다양한 표상으로 나타날 수 있다. 쇼펜하우어의 결론부터 말하자면 '세계는 표상이며 이 세계라는 표상은 의지가 가능하게 한다'는 것이다. 의지는 자연의 모든 힘, 세계의 만물을 지금의 모습으로 존재하게 하는 힘이다. 의지는 아무런 근거나 이유도 없이 맹목적으로 움직이는 힘이다. 의지가 왜 그러한지 묻는다면 '그냥 그렇다'는 답변을 내놓을 수밖에 없다.『의지와 표상으로서의 세계』의 내용을 간략하게 한 문장으로 정리하자면 '세계는 표상으로서의 세계인데 그 표상으로서의 세계는 곧 의지로서의 세계이기도 하다'는 것이다. 의지가 인간이 인식할 수 있는 방식으로 드러난 세계가 바로 표상으로서의 세계다. 다시 말해, 표상으로서의 세계는 곧 의지로서의 세계인데 의지로서의 세계는 인간이 포착할 수 없고 인간이 세계로 포착하는 것은 '표상으로서의 세계'라는 것이다.

우리가 표상하는 개개의 사물은 본래 의지가 다양한 방식으로 현상된 것이다. 의지는 맹목적으로 움직이기 때문에 그 자체로는 근거를 가지고 있지 않지만 의지의 현상은 충분근거율에 지배당한다. 더 정확히 말하자면, 우리가 인식하는 표상의 세계는 맹목적인 의지가 충분근거율에 입각해서 포착되는 세계인 것이다. 우리는 충분근거율에 입각해서만 표상을 정립할 수 있다. 그래서 표상으로서의 세계는 충분근거율에 지배된다고 말하게 된다. 이렇게 의지의 세계는 표상의 세계와는 차원이 다르다. 그러나 표상으로서의 세계가 따로 있고 의지로서의 세계가 따로 있는 것은 아니다. 이 세계는 표상의 세계인 동시에 의지의 세계다. 세상 만물은 모두 의지가 우리의 감각 기관이 포착할 수 있는 방식으로 나타난 것이다. 이렇게 우리가 포착할 수 있는 방식으로 의지가 드러나는 것을 쇼펜하우어는 '의지가 객관화된다'고 표현했다. 객관화된다는 말은 시공간 안에서 구체적인 존재로 드러난다는 것이다.

쇼펜하우어 철학에서 '객관화된다'는 것은 시간과 공간을 점유하여 표상으로 포착되는 것을 의미한다. 인간은 시간과 공간의 형식으로 무언가를 포착해야 그것을 인식할 수 있다. 인간은 표상만 인식할 수 있는 것이다. 의지가 시간과 공간의 형식으로 포착될 때 표상이 성립되고, 인간은 이를 인식할 수 있다. 결국 의지가 표상으로 포착되는 과정 자체를 '객관화된다'고 표현하는 것이다.

의지는 사물들의 형태로 다양하게 객관화된다. 모든 사물은 의지가 그 자신의 모습을 단계적으로 드러낸 것이다. 이렇게 의지가 객관화되면 될수록 다양한 표상으로 나타나게 된다. 그러니까 세계에 존재하는 모든 것은 서로 연결되어 있는 것이다. 모두 의지가 객관화된 것이니 말이다. 존재의 다양성은 의지가 객관화되는 정도의 차이에서 나온다. 즉 의지가 객관화되는 정도가 다르기 때문에 사물은 각기 다른 사물이 된다.

쇼펜하우어는 돌보다는 식물이, 식물보다는 동물이 객관화의 정도가 높다고 말한다. 중력과 같은 자연력은 의지의 객관화가 저차원적으로 이루어진 것이다. 의지가 저차원적으로 객관화되었다는 것은 의지의 성질이 잘 드러나지 않는다는 것을 의미한다. 의지의 성질이 드러나지 않는 무기물이나 자연력은 불분명하고 인식이 없는 충동으로 드러난다. 무기물보다 의지가 조금 더 분명하게 객관화된 것이 식물이다. 식물은 어둡게 충동하는 힘으로 존재한다. 햇빛과 물에 의해 성장을 하면서 어느 부분은 더 잘 자라고 어느 부분은 제대로 자라지 못하는 등의 반응이 있지만, 그 과정이 식물에게 의식되지는 않는다. 동물처럼 어디로 이동을 하겠다든가 하는 인식을 할 수는 없는 것이다.

> 의지의 현상만이 근거율에 종속되고 의지 자체는 그렇지 않으므로 (…) 그런 점에서 의지는 '근거가 없다'고 부를 수 있다.(20절)

의지가 근거가 없다는 것은 비이성적이고 맹목적이라는 의미다. 의지로서의 세계는 이성적으로 설명하거나 포착할 수 없기에 이렇게 말할 수밖에 없다. 어렵게 말하면, 세계는 인식론적 측면에서 보면 표상의 세계인데 존재론적 측면에서 보면 의지의 세계다. 즉 세계는 의지에 의해 구성되지만 그 세계는 인간에게 표상으로 드러난다. 그러니까 쇼펜하우어에게 물자체는 의지다. 즉 그 자체로 존재하는 것, 근원적인 존재는 의지다. 의지의 세계는 그 자체로 경험될 수 없고 의지가 일으킨 표상의 세계로만 경험된다. 한마디로 세계는 의지가 표상으로 드러난 것이다.

신체, 의지를 경험하는 마당

이 세계는 표상이며, 인식하는 인간이 표상의 주체라는 것이 지금까지 우리가 살펴본 쇼펜하우어의 주장이다. 그런데 이 인식하는 주체인 인간은 신체를 가진 존재다. 인간은 외부세계만을 인식하는 존재가 아니고 자신의 고유한 신체성도 경험한다. 신체를 가진 인간은 신체를 바탕으로 세계를 표상으로 경험하게 된다. 쇼펜하우어에 따르면, 신체는 독특하게도 의지와 표상이 교차하는 영역이다. 인간은 신체를 통해 의지의 작용을 직접적으로 감지한다. 예를 들어, 장염에 걸린 사람은 장염을 일으키는 원인균이 작동하는 것을 자신의 신체를 통해 느낀다. 이렇게 신체는 다른 표상과는 전혀 다른 방법으로 경험된다. 의지와 몸의 관계는 직접적인 인식을 통해서만 드러난다. 신체는 의지를 경험하는 마당이다. 인간은 자신이 가진 신체가 그 자체로 의지의 현현이기 때문에 세상을 의지로서도 경험하게 된다. 신체는 의지인 동시에 표상이다. 그래서 쇼펜하우어는 신체는 곧 '표상화된 의지'라고 말한다.

신체는 우리에게 표상으로 드러나지만 그 자체로 의지를 드러내는 매개체이기 때문에 상당히 독특한 지위를 차지한다. 그래서 신체는 세계의 다른 측면인 의지가 가시화되는 매개체가 된다. 신체는 보이지 않게 작동하는 생명의 원리인 의지가 가시화되는 마당인 것이다. 신체는 우리에게 직접적으로 느껴지는 객관이다. 우리는 자신의 신체에서 일어나는 변화를 그냥 안다. 그래서 쇼펜하우어는 직접적으로 인식한다고 표현한다. 그리하여 이 세계가 의지로서의 세계인 동시에 표상으로서의 세계임을 알 수 있는 존재는 인간뿐이다.

신체는 그 자체로 의지 현상이다. 나의 모든 신체 행위는 의지 행위의 현상이고, 이 의지 행위 속에서 주어진 동기로 인해 나는 행위하게 된다. 의지 행위 속에서 주어진 동기에서 일반적이고 전체적인 내 의지 자체, 즉 내 성격이 나타난다. 신체의 부분들은 의지를 실현시키는 주요 욕망과 상응한다. 예를 들어 치아, 목, 장은 굶주림이 객관화된 것이고, 생식기는 성욕이 객관화된 것이다. 그리고 개인의 자태는 그 사람의 성격에 대응한다. 신체의 동작은 의지가 객관화된 행위인데 동기에 의해서 생기는 행위든 자극에 의해 자기도 모르게 생기는 운동이든 모두 의지가 드러나는 것이다. 예를 들어 공을 차는 모습은 의지가 겉으로 드러나는 자세. 의지가 신체에 작용해서 드러날 때는 의욕으로 드러난다. 찬다는 의욕이 달성되었을 때에는 쾌감이 생겨나는데 의욕에 반하여 잘못 쳤을 때는 불쾌감이 생긴다. 결국 의지로부터 쾌·불쾌라는 신체적인 자극이 생긴다.

의지의 참되고 진정한 모든 직접적인 행위는 즉각적이고 직접적으로도 현상하는 신체 행위다. 그리고 이에 상응하여 다른 한편 즉각적이고 직접적으로 신체에 미치는 모든 작용은 의지에 미치는 작용이기도 하다. 그 작용은 의지에 반할 때는 그 자체로 고통이라 불리고, 의지에 따를 때는 유쾌감이나 쾌락이라 불린다. 양자의 단계적 차이는 무척 상이하다. 그러나

> 고통과 쾌감을 표상이라 부르는 것은 매우 부당하다. 고통과
> 쾌감은 결코 표상이 아니고, 의지의 현상인 신체 속에서 의지
> 의 직접적인 촉발이다.(18절)

신체는 나의 의지를 인식하기 위한 조건이다. 신체를 배제한 채로는 의지를 표상할 수조차 없다. 인간은 의지를 전체적·통일적으로 인식할 수 없다. 의지가 자신의 신체에 현상하는 것만을 의식할 수 있는 것이다. 신체 전부는 가시적으로 된 내 의지다. 의지는 맹목적으로 작용하는 모든 자연력 속에 현상하고, 숙고를 거친 인간의 행동 속에서도 현상한다. 의지의 객관화가 고차원적으로 이루어지면 개성이 나타난다. 이 개성이 가장 잘 드러나는 존재가 인간이다. 그러니까 인간은 의지가 굉장히 고차원적으로 객관화된 존재다. 앞에서 살펴본 것처럼 인간은 생긴 모습으로도 그 개성을 알 수 있는 존재다. 그만큼 의지의 성질이 잘 드러난다.

> 하등동물이 되면 될수록 개별적인 성격의 징후가 없어지고
> 종의 일반적인 성격이 나타나 종의 특질적인 외모만 남게
> 된다.(26절)

이 돌과 저 돌 사이에는 개성의 차이가 없지만, 이 사람과 저 사람 사이에는 개성의 차이가 크다. 하등 동물의 경우 개성의 차이가 잘 드러나지 않지만 인간은 그 차이가 현격해서 이런저런 갈등을 겪게 된다. 무기물부터 고차원의 생명체에 이르기까지 모든 것은 의지가 객관화된 것이기에 그 의지로 인해 고통을 겪는다. 물론 고통을 느끼는 것은 생명체에 국한되겠지만 말이다. 모든 존재는 고통을 겪지만 의지의 객관화 단계에서 위쪽에 위치할수록 고통이 크다. 동물보다 인간의 고통이 더 클 수밖에 없음은 앞에서 언급했다. 인간은 의지의 객관화 단계에서 높은 단계에 해당하는 사고 작용까지도 할 수 있는 존재다. 그래서 자신의 고유한 행동을 반성할 수 있다. 인간은 자신을 반성할 수 있기 때문에 마음에 안 드는 자기 자신으로 인해 고통받는다. 물론 인간에게 반성 능력이 있기 때문에 이렇게 쇼펜하우어 철학을 공부해서 세계가 의지로 되어 있다는 설명을 통해 통찰을 얻을 수도 있지만, 그 때문에 고통도 크게 받는 것이다. 그렇지만 인간은 이 반성적 능력 때문에 의지 현상들의 소용돌이를 인식하고 거기에서 빠져나올 가능성을 가질 수도 있다. 즉 인간은 이 세계가 맹목적인 의지가 서로 투쟁하는 세계임을 알 수 있기 때문에 그 혼돈을 바라볼 힘이 있고, 그래서 그 혼돈에 영향받지 않을 힘도 가질 수 있는 것이다.

성격도 의지 현상인데

의지를 어떻게 파악하느냐, 어떻게 알 수 있느냐는 질문에 쇼펜하우어는 의지는 자기 의식 속에서 그 자체로 직접 인식된다고 대답한다. 쇼펜하우어는 이 자기 의식 속에는 자유의 의식도 들어 있다고 본다. 인간은 스스로 자유롭다고 생각한다는 것이다. 우리는 누구나 자신의 결정에 따라 지금과는 다른 사람이 될 수 있다고 생각한다. 모든 사람은 선험적으로, 자신의 개별적 행동에서 자신을 전적으로 자유롭다고 간주해 놀랍게도 자신은 매 순간 다른 생활 태도를 시작할 수 있다고, 즉 다른 사람이 될 수 있다고 생각한다는 것이다. 하지만 후험적으로는, 즉 경험을 통해서는 자신이 자유로운 것이 아니라 필연성에 종속되어 있으며 아무리 결심하고 반성해도 자신의 행동을 변화시킬 수 없다는 사실과, 태어나서 죽을 때까지 자신이 싫어하는 같은 성격을 그대로 가져서, 말하자면 끝까지 자신이 맡은 역할을 해야 한다는 사실을 알고 자못 놀라워한다는 것이다.

쇼펜하우어에 따르면, 성격은 의지 현상인데 이를 바꿀 수 있다고 생각하는 것은 오해다. 성격은 의지가 각자에게 구현된 고유한 현상이기에 근본적으로는 바뀌지 않는다. 일관되게 유지되는 경향성이기에 성격이라 하는데, 사람마다 다른 성격에

선험적? 후험적?

『의지와 표상으로서의 세계』에는 '선험적이다, 후험적이다'라는 말이 자주 등장하는 편이다. 선험적이라는 말은 '경험 이전의'라는 뜻이고 후험적이라는 말은 '경험 이후의'라는 뜻이다. 경험과 상관없이 안다면 '선험적으로 안다'고 하고, 경험을 해야 안다면 '후험적으로 안다'고 말하는 것이 적절하다. 칸트 철학에서 '선험적'이라는 말을 특히 자주 사용하기에 칸트의 철학을 상당히 계승하는 쇼펜하우어가 이 용어를 자주 사용하는 것은 당연한 일이다. 칸트는 인간에게는 범주가 선험적으로 주어져 있다고 주장했다. 즉 인과 범주가 선험적으로 주어져 있기 때문에 인간은 두 사건의 관계가 인과관계인지 아닌지를 판단할 수 있다는 것이다.

따라 외부 자극에 대해 다르게 반응하게 된다. 모든 사람에게는 고유한 성격이 있기 때문에 같은 동기라 해도 사람마다 동일한 힘을 미치지 않는다. 인간의 행위는 동기만으로는 설명되지 않는다. 동기를 통해 설명하려면 먼저 그 전제가 되는 '규명할 수 없는 성격'이 논의되어야 한다. 누구나 자기 자신을 알고 싶어한다. 자신의 성격을 잘 파악하고 싶어한다. 자기 자신을 제삼자가 보듯이 관찰하면서 자신이 어떤 성격인지 명확하게 파악하고자 하는 욕구가 누구에게나 있다. 그러나 우리는 나에게 작용하는 의지만을 느낄 뿐, 그 의지가 나에게 어떠한 성격으로 드러나는지는 인식하기 어렵다. 우리는 매 순간 의지에 따른 의욕으로 행위하고 있을 뿐이기 때문이다. 인간의 의욕은 의지가 모습을 드러내는 계기다.

어떤 사람이든 늘 자신의 행동을 인도하는 목적과 동기를 갖고 있다. 스스로 그러한 목적과 동기를 왜 가지게 되었는지는 알지 못하지만, 그 목적과 동기에 따른 행위를 하고 있는 자기 자신을 발견하게 된다. 그래서 자신의 개별적인 행위에 대해 어떤 마음으로 그렇게 했는지를 해명할 수 있다. 그런데 무엇 때문에 그런 의욕을 가지게 되었는지는 답변하기 어렵다. 쇼펜하우어는 "오히려 그에게는 그 질문이 사리에 맞지 않는 것으로 여겨질지도 모른다"고 말한다. 우리는 그저 존재하고 있을 뿐이기 때문이다. 모든 것이 의지의 작용이니 의지의 현상체인 우리는 자신에게 일어나는 의욕을 설명하기 어렵다. 의욕과 관련해서 쇼펜하우어는 이렇게 말한다.

아직 무언가 소망하고 노력할 것이 남아 있을 때가 그래도 제일 행복한 법이다. 이때 소망이 빨리 이루어지는 것은 행복이라 불리고, 더디게 이루어지는 것은 고통이라 불린다. 이 모든 사실에 따르면, 의지는 인식의 빛으로 조명되는 경우 자신이 지금 여기서 소망하는 것이 무엇인지 늘 알고 있지만, 일반적으로 무엇을 소망하는지는 결코 알지 못한다. 즉 모든 개별적인 행위에는 목적이 있지만, 전체 의욕에는 목적이 없다. 그것은 사실 모든 개별적인 자연 현상이 이때 이곳에 출현하는 것에 대해서는 충분한 원인에 의해 규정할 수 있지만, 이 현상 속에 나타나는 힘은 일반적으로 원인을 갖지 않는 것과 마찬가지다. 왜냐하면 개별적인 자연현상이 사물 자체, 즉 근거가 없는 의지의 현상 단계이기 때문이다. 그러나 전체로서 의지의 이 유일한 자기 인식은 전체로서 표상이며, 직관적 세계 전체다. 이 세계는 의지의 객관성이자 의지의 드러냄이며 의지의 거울이다. 이 특성에서 세계가 표현되는 것이 앞으로 우리의 고찰 대상이 될 것이다.(29절)

의지에 인식의 빛을 비춘다고 해도 우리가 알 수 있는 것은 '지금 여기서 무엇을 소망하는가'다. 인간의 의욕이 전체적으로 무엇을 향하고 있는지, 어디를 향하고 있는지는 말할 수 없다. 의지는 맹목적으로 움직이고, 인간에게는 성격으로 현상화될 뿐이다.

근거율과 무관한 표상

의지에 봉사하는 인식

일반적으로 표상은 의지의 단계별 복잡한 목적을 달성하기 위한 수단이다. 뇌는 유기체의 다른 부분과 마찬가지로 의지가 객관화된 것이다. 이 뇌의 작용인 인식 작용은 의지의 객관화 수위가 좀더 높은 것이다. 쇼펜하우어는 뇌의 작용으로 생기는 표상은 의지에 도움이 되도록 정해져 있다고 말한다. 본질적으로 인식은 의지에 봉사하게 되어 있다는 것이다. 근거율에 따르는 모든 인식이 의지에 관계하고 있는 것이다.

인식은 의지에 도움이 되도록 생겨났고, 그러니까 말하자면 머리가 몸통에서 나왔듯이 의지에서 싹터 나와, 대체로 언제나 의지에 봉사하도록 되어 있다. 동물의 경우에는 인식의 의지에 대한 이 봉사 정신이 결코 폐기될 수 없다. 인간의 경우에는 (⋯) 그 폐기가 예외로서만 나타날 뿐이다. (⋯) 인간의 머리는 동체에 자유롭게 얹혀 있는 듯이 보이며 동체에 봉사하지 않고 동체에 의해 떠받쳐질 뿐이다.(33절)

그런데 인간은 의지의 작용을 직관할 수 있기 때문에 이념을 볼 수 있다는 것이 쇼펜하우어의 생각이다. 그는 의지가 객관화되는 단계 중 최상의 단계에 있는 것을 '이념'이라고 부른다. 쇼펜하우어가 이념이라는 말에 사용한 독일어는 Idee(이데)인데 이는 원래 플라톤이 말한 이데아를 칭한다. 플라톤에게 이데아는 어떤 것을 그것이게 하는 궁극의 본질이지만, 쇼펜하우어에게 이념은 의지 자체와 다양한 표상들을 연결해주는 무언가다. 플라톤은 이데아를 의지와 관련해서 생각하지 않았지만, 쇼펜하우어는 그 용어로 '의지가 가장 고차원적으로 객관화된 것'을 지칭했다. 의지가 가장 고차원적으로 객관화되었다는 것, 즉 의지의 객관화에서 최상의 단계에 있다는 것은 의지와 가장 가깝다는 것이고, 의지와 가장 가깝다는 것은 의지의 특질

이데아

이데아라는 말을 이해하게 되면 플라톤 철학의 많은 부분을 이해하게 되는 셈이다. 그만큼 이데아라는 말은 이해하기가 힘들다. 예를 들어 삼각형의 이데아를 직관한다는 것은 삼각형의 개념을 안다는 것을 의미한다. 그래서 삼각형의 이데아를 직관한 사람은 무수히 많은 도형 중에서 삼각형을 구분해낼 수 있고, 무수히 많은 삼각형을 그릴 수도 있다. 플라톤은 개별 삼각형이 삼각형일 수 있는 것은 그 삼각형이 삼각형의 이데아를 구현하고 있기 때문이라고 설명한다. 개개의 사물은 현실에서 이데아를 체현(體現)하기 때문에 그 사물일 수 있는 것이다. 즉 책상은 그것이 책상의 이데아를 체현하고 있기에 책상일 수 있고, 의자는 그것이 의자의 이데아를 체현하고 있기에 의자일 수 있다.

을 가장 많이 가지고 있다는 것을 의미한다. 의지가 가장 고차원적으로 객관화된 것이 이념이고 그다음 단계가 인간이기 때문에 인간은 이념을 직관할 힘이 있다. 그렇지만 이데아를 직관하고 이념을 보는 사람은 소수에 불과하다.

시간과 공간으로 제약되는 표상에 대한 인식에만 만족하는 인간에게는 이념을 직관할 수 있는 힘이 없다. 즉 눈에 보이는 것에 만족하는 사람에게는 이념을 직관하고자 하는 동기가 없기 때문에 개별 사물들을 사용하는 것에 만족하는 차원에 그친다. 당장 눈에 보이는 즐거움을 좇고 좋은 옷을 입고 좋은 집에 사는 것에만 관심을 두는 사람은 이념을 파악하고 싶어 하지 않는다. 주변에서 일어나는 일들에 의문을 가지고 그것이 왜 그런가를 끊임없이 생각하고자 하는 인간에게만 개별 사물에 대한 인식을 넘어서는 고차원의 인식에 대한 욕구가 있다.

그런데 이념은 개념적 인식이 아니라 직관적 인식을 통해서 파악된다. 이념은 추론을 통해서 파악할 수 있는 것이 아니라 직접적으로 느낄 수만 있다는 것이다. 쇼펜하우어가 말하는 이념은 표상의 세계와 의지의 세계 사이에 놓여 있다. 그래서 이념의 파악은 의지의 세계로 나아가는 과정이다. 이념은 의지처럼 완전히 인식 불가능하지는 않다. 그러나 이념을 조망하는 것은 의식 또는 개념을 통해서는 불가능하다. 이념에 대한 인식은 인간이 할 수 있는 최고 단계의 인식이다. 인과율에 사로잡혀 있는 한 이념을 직관할 수 없다. 개별적 사물에 대한 평범한 인식으로부터 이념의 인식으로 이행하는 것이 가능하기는 하지만, 이는 예외적으로만 고찰할 수 있다. 이 일은 갑자기 일어난다고 쇼펜하우어는 말한다.

이 일은 갑자기 일어난다. 인식이 의지에 봉사하는 데서 벗어나, 바로 그럼으로써 주관이 단순히 개인적인 주관이기를 그만두고, 이제 의지가 없는 순수한 인식 주관이 된다. 이때 인식 주관은 근거율에 따라 더 이상 여러 관계에 따르지 않고,

다른 객관과의 연관에서 벗어나 주어진 객관을 깊이 관조하고 거기에 몰입한다.(34절)

　　이념은 의지의 작용에 의해서 드러나는 결과물이 아니라 의지의 직접적인 현상이기 때문에 충분근거율에 제약되지 않는다. 쇼펜하우어는 개체 자체는 개별적 사물만 인식하고 순수한 인식 주관은 이념만을 인식한다고 말한다. 이념에 대한 직관은 인과율에 사로잡혀 있지 않은 순수한 주관에게 가능한 것이다. 쇼펜하우어는 "의지와 고통이 없고 시간을 초월한 순수한 인식 주관"이라는 표현을 사용했다. 순수한 인식 주관은 의지가 없기에 의지의 맹목성에 영향을 받지 않는다. 이념을 관조한다는 것은 특별하고 예외적인 소수의 인간에게나 가능한 일이다. 이념은 주관과 객관의 분리를 넘어서 있거나 시간과 공간의 제약에서 벗어나야만 직관할 수 있다. 표상에 연연하면 이념을 직시할 수 없다고 쇼펜하우어는 말한다.

근거율에 따르지 않는 인식

　　이념을 관조하는 것은 '더 이상 근거율에 따르지 않고 다른 사물과의 연관성으로부터 벗어나 주어진 대상을 응시하는 정관(靜觀) 속에 침잠되어 대상과 동화됨으로써만' 가능하다.

　　우리가 정신력에 의해 고양되어 사물에 대한 평범한 고찰 방식을 단념하고, 근거율의 여러 형태를 실마리로 언제나 자신의 의지에 대한 관계를 최종 목표로 하는 사물들 간의 관계만 추구하는 것을 그만두고, 즉 여러 사물에 대한 어디, 언제, 왜, 무엇 때문에가 아닌 오로지 무엇만을 고찰하며, 또한 추상적인 사유, 이성의 개념, 의식에 사로잡히게 하지 않고, 이 모든 것 대신 자기 정신의 온 힘을 직관에 바쳐, 풍경, 나무, 암석, 건물이나 그 외의 무엇이라 할지라도 바로 현재의 자연적인 대상을 조용히 정관함으로써 전적으로 이 직관에 침잠하여 의식 전체를 채운다고 하자. 독일어의 의미 깊은 표현법에 따르면, 이때 사람들은 이 대상에 빠져들어(sich verlieren), 즉 자신의 개체, 자신의 의지를 잊고 단지 순수한 주관으로서 객관을 비추는 맑은 거울로서 존재하게 된다. (…) 이렇게 하여 인식되는 것은 더 이상 개별적 사물 그 자체가 아닌 이념이고 영원한 형식이며, 이 단계에서의 의지의 직접적인 객관성이다. 또 바로 그럼으로써 동시에, 개체는 바로 그 직관에 빠지지 않았으므로, 이렇게 직관하는 사람은 더 이상 개체가 아닌, 의

지와 고통이 없고 시간을 초월한 순수한 인식 주관이다.(34절)

　　동양권의 '무아(無我)'라는 개념이 쇼펜하우어가 말하는 이 상태와 가장 유사하다고 하겠다. 인간은 자신을 의식하지 않을 정도로까지 의지에 영향 받지 않을 때에야 이념을 관조할 수 있다. 쇼펜하우어는 이념을 인식하는 방법으로 예술을 들고 있다. 이념을 직관하는 대표적인 것이 바로 예술이다. 예술은 표상 세계에만 집착하는 우리의 시선을 의지 세계로 이끄는 계기를 제공한다. 예술은 사물의 고유한 내적 본질에로 침잠해 들어가는 행위다. 예술은 시간과 공간을 초월하고 자기 자신에 속박되지 않고 육체의 구속에서 완전히 자유로워지는 경험을 일시적이나마 준다. 예술이 우리에게 시공을 초월하는 느낌을 주는 것이 바로 이념을 직관하는 것과 연관된다. 예술가들은 이념을 인식하고 자신이 인식한 이념을 전달하기 위해 예술 작품을 창조한다. 예술가들은 일반인들이 보지 못한 무언가를 보고 그것을 일반인에게 전달해준다. 예술가가 직관한 이념을 함께 직관할 때 우리는 예술 작품에서 감동을 받는다. 그런데 우리가 감상자로서 예술 작품을 통해 받은 감흥을 타인에게 전달하기는 어렵다. 이는 설명해준다고 해서 전달되는 것이 아니다.

쇼펜하우어에 따르면 자신이 직관한 이념을 예술 작품에 구현해놓는 사람이 천재다. 천재는 천재가 아닌 사람들도 이념에 대한 직관을 할 수 있도록 매개하는 역할을 한다. 천재는 남이 보지 못하는 것을 통찰해서 전달한다. 쇼펜하우어는 평범한 사람과 천재를 대비해 설명한다. 평범한 사람은 의욕을 개입시키지 않고 있는 그대로의 대상을 바라보는 정관을 지속적으로 할 능력이 없고, 인생 자체에 대한 고찰에 시간을 쓰지 않는다. 이에 반해 천재는 인생 자체를 고찰하는 데 시간을 보내며, 모든 사물의 이념을 고찰하려고 노력한다. 천재는 인생 자체를 고찰하느라 실생활에 매우 서투르다. 쇼펜하우어는 "'자신의 길'에 대한 고찰을 소홀히 한다"고 표현한다. 그리고 천재는 직관적 인식을 지향하기 때문에 격한 정동과 비이성적 열정에 지배되는 경우가 종종 있다. 이것이 아마도 천재가 평범한 사람들에게 이해되기 어려운 이유일 것이다.

평범한 사람들의 경우에는 인식 작용이 언제나 의욕의 자극을 받아 일어나기에 동기에 따라 움직이게 된다. 이에 반해 천재는 의욕과는 아무 관계없는 인식 작용, 즉 순수한 인식 작용을 한다. 의욕에 의해 움직이는 평범한 사람은 자신의 길을 모색하는 데 유능하지만 천재들은 이념을 보는 것을 중시하기에 그렇지 않다. 쇼펜하우어는 평범한 사람에게는 그의 인식 능력이 자신의 길을 비추어주는 등불인 반면, 천재에게는 그의 인식 능력이 세상을 환히 밝히는 태양이라고 말한다. 천재의 인식 또는 이념의 인식은 근거율에 따르지 않는다. 이에 반해 근거율에 따르는 인식은 실생활에서 현명하고 분별 있게 행동하게 하여 여러 학문을 성립시킨다.

인간이 법칙을 파악하고자 하는 노력을 기울여 정립해놓은 이론 체계를 '학문'이라고 한다. 학문은 모든 개별적인 사건을 관통하는 보편적인 원리를 탐구한다. 그러나 학문이 만들어놓은 법칙은 절대적·보편적 법칙이 되지는 못한다. 쇼펜하우어가 보기에, 학문은 표상에 대한 인식으로부터 그 표상들이 근거하고 있는 이념에 대한 인식을 얻으려고 노력하는데 이는 부질없는 짓이다. 즉 표상의 세계의 근거는 의지의 세계이기 때문에 의지를 직관하지 않고는 이념에 대한 인식을 할 수 없다. 그런데 의지의 세계는 근거율에 제약되지 않기 때문에 학문의 방법으로는 포착될 수 없다. 그러나 예술은 의지의 다양하면서도 통일된 모습을 직관한다. 즉 의지에 대한 관조적 인식을 한다.

예술의 유일한 기원은 이념의 인식이며 유일한 목적은 이 인식의 전달이다. (⋯) 예술은 '사물을 근거율과는 무관하게 고

찰하는 방식'이라고 할 수 있다.(36절)

아마도 예술을 하는 사람들은 쇼펜하우어의 이 문장에 반가움을 느낄 것이다. 예술가들은 자신이 표현하려 한 것이 다른 이들에게 전달되면 기쁨을 느낀다. 자신의 느낌이 전달된 것만으로도 행복을 느끼는 것이다. 쇼펜하우어는 예술의 이러한 과정을 철학적으로 설명해주고 있는 셈이다. 쇼펜하우어에 따르면 예술가들은 의지를 관조하고 그것을 작품에 옮겨놓는다. 작품에 담긴, 의지에 대한 자신의 관조를 다른 사람이 느끼기를 희망하면서 말이다. 이러한 의지에 대한 관조, 이념의 조망은 천재에게 가능하다. 천재는 지금까지 보아온 대로 표상들의 원형이 되는 이념을 직시할 수 있는 성찰의 힘을 갖고 있는 사람이다. 천재의 삶은 표상의 세계를 넘어서 있다. 표상에 매여 있으면 이념을 직시할 수 없다. 천재는 천재가 아닌 사람들도 이념에 대한 직관을 할 수 있도록 매개하는 역할을 한다.

예술가는 자신의 눈을 통해 우리에게 현실을 들여다보게 한다. 예술가에게는 모든 관계를 떠나 존재하는 사물의 본질적인 것을 인식하는 눈이 있다. 그런데 예술가가 우리에게도 이 재능을 빌려주어 자신의 눈을 우리에게 달아줄 수 있는 입장에 있다는 것, 이것은 획득된 것이고 예술의 기교적인 것이다.

천재성이란 순전히 직관적으로 행동하고 직관에 몰입할 수 있는 능력이고, 원래 의지에만 봉사하기 위해 존재하는 인식을 이 봉사로부터 떼어놓는 능력, 즉 자신의 관심, 의욕, 목적은 전혀 안중에 두지 않고 그에 따라 한순간 자기 자신을 완전히 포기하고 순수한 인식 주관으로서 세계의 명백한 눈으로 남는 능력이다.(36절)

여기서 말하는 '의지에 대한 봉사'라는 표현은 의지에 영향을 받아 의지가 객관화되는 데 일조하는 것을 말한다. 예를 들어 내 몸을 통해 덥지 않고자 하는 의욕을 느끼고, 그에 따라 시원한 것을 찾아가는 것도 의지에 대한 봉사다. 내 몸에 체현된 의지의 요구에 맞추어 나는 봉사하고 있는 것이다.

표상으로서의 세계는 언어로 설명할 수 있다. 그러나 언어는 의지로서의 세계에 대해서는 무력하다. 의지는 존재하는 모든 것에 깃들어 있다. 쇼펜하우어는 의지가 세계의 본질이라고 강조하면서도 이러한 의지의 지배로부터 벗어나야 한다고 주장한다. 그 이유는 의지의 객관화가 이 세계를 어떤 식으로든 갈등 속에 빠뜨리기 때문이다. 이 개별자에게 체현된 의지와 저 개별자에게 체현된 의지가 본래 하나이기는 하지만 서로 다른 개별자에게서 체현되면서 충돌하고, 이때 고통이 생긴다. 우리는 갈등이 생길 때 저 사람이 일부러 나를 괴롭힌다고 생각하곤 한다. 그러나 그 사람은 그저 자기 방식대로 존재했을 뿐이다. 나는 내 방식대로 존재하고 그 사람은 그 사람 방식대로 존재할 뿐인데, 나는 그로 인하여 그는 나로 인하여 불편을 느끼는 것이다. 우리는 불편을 주는 상대방이 어떤 의도를 가지고 있다고 착각하곤 하지만, 그 사람은 내가 불편한지조차 의식하지 못할 가능성이 높다. 개별 존재는 모두 자신의 방식으로 존재할 뿐인데, 그것이 다른 존재에게 불편이 되고 고통이 되는 경우가 많다.

인간은 고통 없이 살고 싶어 하지만 쇼펜하우어에 따르면 그것은 앞뒤가 맞지 않는 일이다. 이는 맛있는 음식을 먹고 싶어 하는 사람이 "저는 절대 화장실은 가고 싶지 않아요" 하는 것과 마찬가지다. 음식을 먹는 쾌락을 누리면 화장실에 가야 하는 고통은 피할 수 없다. 다시 음식을 먹기 위해서라도 화장실은 가야 한다. 고통 없이 쾌락만 얻는 것이 불가능한데도 인간들은 고통을 피하려고 한다. 그러나 고통을 피하려면 쾌락까지도 포기해야 하기 때문에 고통만을 피하는 방법이란 없다.

의지를 움직여서 우리를 격렬하게 뒤흔드는 것이 바로 의욕이다. 우리 의식이 의지에 사로잡혀 있는 한, 우리가 끊임없는 희망과 두려움으로 여러 소망의 충동에 내몰려 있는 한, 우리가 의욕의 주체인 한, 우리에게는 지속적인 행복도 마음의 안정도 결코 주어지지 않는다.

> 모든 의욕은 욕구에서, 즉 결핍이나 고뇌에서 생긴다. 이 욕구
> 는 충족되면 끝난다. 하지만 하나의 소망이 성취되더라도 적
> 어도 열 개의 소망은 이루어지지 않고 남는다. 더구나 욕망은
> 오래 지속되고, 요구는 끝없이 계속된다. 즉 충족은 짧은 시간
> 동안 불충분하게 이루어진다. 그런데 심지어 최종적인 충족
> 자체도 겉보기에만 그럴 뿐, 소망이 하나 성취되면 즉시 새로
> 운 소망이 생긴다.(38절)

의지는 어떤 대상에 의해서도 결코 채워질 수 없는 끊임없는 욕구와 충동을 갖고 있다. 세계와 모든 존재가 이러한 충동적인 의지에 의해서 지배되는 한 고통스러울 수밖에 없다. 표상으로서의 세계는 아무리 법칙적이고 필연적인 것처럼 보이더라도 그 안을 들여다보면 본능적이고 맹목적인 의지가 지배하는 세계일 뿐이다. 객관화를 통해서 표상의 세계에 자신의 모습을 드러내는 의지는 개별자들에게 끊임없는 고통을 불러일으킨다. 인간은 의지가 지배하는 세계 속에서 삶을 지탱해나가야 하기 때문에 항상 이러한 고통 속에 빠져 있게 된다. 인

간은 의지가 체현된 자신의 육체를 통해서 이 의지의 소용돌이에 참여할 수밖에 없는 존재이기 때문에 인간으로 사는 한 그 소용돌이를 피할 방법은 없다. 의지는 쉬지 않고 끊임없이 맹목적으로 움직인다. 의지에 따른 의욕은 특정한 시점에는 만족의 상태에 도달할 수 있겠지만, 그 만족은 일시적인 것이지 영원한 것이 아니다. 모든 의욕으로부터 해방되는 순간에야 인간은 갈망에 시달리지 않기 때문에 완전한 만족을 얻을 수 있다. 쇼펜하우어는 이러한 만족감을 미적 만족감이라고 했는데, 미적 만족감은 예술과 자연에서 얻을 수 있다고 보았다.

> 아름다운 자연이 일단 우리 눈앞에 펼쳐지기만 하면 아무리 짧은 순간이라 해도 우리는 거의 항상 주관성이나 의지의 노역에서 벗어나 순수한 인식 상태에 들어갈 수 있다. 그 때문에 열정이나 고난과 근심으로 괴로워하는 사람도 자연을 한 번 홀가분한 심정으로 바라보는 것만으로도 갑자기 원기가 회복되고 명랑해지며 기운이 나게 된다. 열정의 폭풍, 밀려드는 소원과 두려움, 의욕의 모든 고통이 놀랍게도 일순간에 가라앉아버린다. (…) 이처럼 인식이 자유로워지면 우리는 잠과 꿈에 의해 현실세계에서 떠나는 것처럼 모든 것에서 완전히 벗어나게 된다. 행복이나 불행은 사라져버리고, 우리는 더

이상 개체가 아니며, 개체는 잊히고 단지 순수한 인식 주관일 뿐이다.(38절)

자연이 주는 편안함을 누려보지 못한 인간은 없다. 자연은 인간을 치유한다. 그러나 이렇게 별세계로 들어가는 것처럼 모든 것에서 벗어나는 것은 순간적인 일이다. 자연이 주는 편안함이나 예술 작품이 주는 치유의 효과는 일시적이다.

의지와 조화될 때 고통의 바다를 건널 수 있다

마야의 베일

인간은 살아 있음 자체가 고통이어도 살기 위해 발버둥친다. 삶을 중단하는 것을 제일 두려워하고 오래 살기를 바란다. 인간들은 제멋대로 굴러가는 인생의 일들에 대해 자신에게 유리하면 좋다고, 불리하면 나쁘다고 소란을 떨지만, 세계를 형성하고 있는 의지는 그저 맹목적으로 작용할 뿐이다. 의지의 맹목성을 볼 수 있어야 의지에 따라 출렁이는 정도를 약화할 수 있다. 의지로부터 자유로운 인식을 하려면 "모든 삶에는 지속적인 고뇌가 본질적임을 인식"(54절)해야 한다. 지속적인 고뇌가 없을 수도 있다는 희망을 가지면 의지로부터 자유로운 의식을 할 수 없다. 쇼펜하우어는 의지로부터 자유로운 인식과 근거율에 맡겨진 인식을 구분한다. 근거율에 맡겨진 인식은 표상으로서의 세계에만 충실하다. 근거율에 맡겨진 인식으로는 사물의 내적 본질에 도달하지 못하고 현상에 따라 일희일비하면서 고통을 당할 뿐이다.

쇼펜하우어는 '근거율에 맡겨진 인식'이 바로 인도인들이 말하는 '마야의 직물'이라고 말한다. 마야(Maja)는 힌두 철학의 근본 개념이다. 산스크리트어로 '환상'이라는 뜻이다. 힌두 철학의 관점에서 보면 표상으로서의 세계가 바로 '마야'다. 쇼펜하우어는 3절에서 "마야는 인간의 눈을 가리고 세계를 보게 하는 기만의 베일"이라는 말을 인용한다. 『의지와 표상으로서의 세계』 후반부에서 쇼펜하우어는 '마야의 베일'이라는 표현을 여덟 번 사용한다. 마야 자체가 기만의 베일이기에 '마야라는 베일'이라는 의미로 '마야의 베일'이라는 표현을 사용한 듯하다.

의지가 의욕하는 것은 언제나 삶이다. 그래서 '삶에의 의지'는 쇼펜하우어가 지적하듯이 췌언이기는 하지만 강조의 의미로 사용할 수는 있다. 그런데 이 삶에의 의지는 개체의 생멸

황금빛 마야

인도에는 '황금빛 마야'라는 말이 있다. 황금빛 마야는 마야 중의 마야, 즉 마야의
최고봉에 해당하는 마야다. 마야 중의 마야는 바로 '이 세상의 모든 것이 마야임
을 깨닫는 것'이다. 그런데 이를 '황금빛 마야'라고 하는 것은 이 깨달음 역시 집착
하지 말아야 할 마야일 뿐임을 전하고자 하는 것일 터이다.

에 영향을 받지 않는다. 삶에의 의지로서는 어느 개체에 의지
가 객관화되는가는 별로 중요한 문제가 아니다. 어느 개체로든
의지는 그저 객관화될 뿐이다. 그런데 개체 입장에서는 자신을
통해 의지가 객관화되는 과정이 중단되는 것이 바로 죽음이다.
쇼펜하우어는 자연은 끊임없이 개체를 저버릴 준비가 되어 있
다고 말한다.

> 인간은 자연 그 자체이고 더구나 자연의 자기 의식의 최고
> 단계에 있지만 자연은 삶에의 의지의 객관화에 불과하다. 그
> 러므로 인간이 이 입장을 파악하여 거기에 머물면, 그 자신
> 인 자연의 불멸의 생명을 되돌아봄으로써, 물론 또 당연하게
> 도 자신과 자기 친구의 죽음에 대해 위안을 얻을지도 모른
> 다.(54절)

인간은 의지가 객관화된 존재로서 자연의 일부다. "자연의 자기 의식의 최고 단계에 있다"는 것은 의식을 할 수 있는 최고 단계에 있는 존재라는 의미로 이해하면 되겠다. 따라서 '인간 스스로 자신이 의지가 객관화된 존재임을 알고 자신의 생명 역시 의지의 일부에 속한다는 것을 알면 죽음에 대한 위안을 얻을 수 있다'는 것이 앞의 구절을 통해 쇼펜하우어가 전하고자 했던 바다. 의지가 존재하는 한 삶이 지속된다는 것은 확실하다. '나'라는 개별자는 그 의지가 어떤 특정한 형식을 통해 드러난 존재자일 뿐이다. 나는 의지의 일부이고 내가 속한 의지 전체는 영원히 지속되므로, '나'라는 개별자가 이 표상으로서의 세계에 존재하는 형식이 바뀐다고 해서 그리 애달파 할 일은 아니다. 개별적인 인간의 죽음은 의지가 객관화되는 과정에서 일어날 수도 있는 자연적인 현상일 뿐이기 때문이다. 쇼펜하우어는 "자연은 슬퍼할 일이 아니리라"라는 외침을 이해할 만하다고 말한다.

어떤 사람이 죽음을 자신이 없어지는 것이라며 두려워한다면, 태양이 저녁에 이렇게 탄식하는 것과 다름없다고 생각할 수 있다. "아, 슬프구나! 나는 영원한 밤 속으로 빠져들어간다."(54절)

아무래도 우리는 쇼펜하우어가 말하는 경지에는 도달하기 어려울지도 모르겠다. 가까운 사람이 죽는다는 상상만으로도 얼마나 고통스러운가. 쇼펜하우어가 보기에 우리는 의지의 개별적인 객관화 형식에 지나치게 연연하면서 의지를 관조하지 못하는 사람들일 것임에 틀림없다. 그런데 인간은 자신이 죽을 것임을 알고 있지만 이 사실 때문에 아무것도 못하지는 않는다. 이에 대해 쇼펜하우어는 인간은 스스로 세계 자체라는 확신이 있기 때문이라는 설명을 한다. 인간은 가장 내적인 의식에서 스스로 존재하고 있음을 분명히 알고 있기에 이 존재의 중단에 대해 의식하기 어려울 것이라는 말이다. 현재 존재하고 있는 생명체가 자신의 존재가 중단된다는 것을 상상하기는 어려울 것이다. 그래서 모두 죽음은 늘 타인의 것이라는 느낌을 받는다. 나도 죽을 수 있다는 사실을 알아도 이를 생생하게 받아들이지는 못한다. 이에 대해 쇼펜하우어는 "개체는 삶에의 의지 자체가 개별적으로 객관화된 것이므로, 개체의 본질 전체는 죽음에 저항할 수밖에 없다"는 표현으로 설명한다.

생각하지 않는 동물에게서와 마찬가지로 인간에게서도 자신이 자연이고 세계 자체라는 가장 내적인 의식에서 생겨나는 확신이 지속적인 상태로서 우위를 차지한다. 이 확신이 있으므로 인간은 확실히 머지않아 죽기 마련이라는 생각에도 그다지 불안해하지 않고 누구나 자신이 영원히 살 것처럼 살아간다. 더구나 자기 죽음의 확실성에 관해 생생하게 확신한다고 말하는 사람은 아무도 없을 것이다. 그렇지 않다면 그의 기분은 사형선고를 받은 죄인의 기분과 큰 차이가 없을 것이기 때문이다. 사실 누구나 자기 죽음의 확실성을 추상적이고 이론적으로 인정하기는 하지만, 실제로 적용될 수 없는 다른 이론적인 진리처럼 그 확실성을 자신의 생생한 의식 속에 받아들이지 않고 옆에 제쳐놓는다.(54절)

인간은 추상적으로는 자신이 죽을 것임을 알지만 그렇다고 그 죽음을 늘 생생하게 느끼는 것은 아니다. 만약 그런다면 모든 인간이 우울해져서 자살을 선택할지도 모른다. 늘 사형선고를 받은 죄인의 기분으로는 살아낼 수는 없는 노릇이기 때문이다. 그래서 마치 죽음을 "적용될 수 없는 다른 이론적인 진리"처럼 생각한다는 것이다. 그런데 이를 옆에 제쳐놓을 수 없게 하는 사건은 가까운 사람의 죽음이다. 가족은 물론이고 TV에서만 보던 사람이 죽어도 인간은 죽음의 생생함에 압도되는 경험을 한다. 그러나 이 압도되는 느낌을 오래 유지하지는 못한다. 그렇게는 살 수 없기에 관심을 다른 곳으로 돌린다. 죽음이 가까이 느껴지면 '사는 게 뭔가' 하는 생각에 우울해하다가도 그런다고 현실의 문제들이 풀리지는 않기에 현실의 문제에 마음을 빼앗기고 곧 다시 죽음을 먼 나라 얘기로 느끼며 살게 된다.

그렇지만 이 모든 것이 의지의 맹목적인 움직임일 뿐임을 직시하면 이야기는 달라진다. 세계의 본질이 의지임을 아는 인식은 의지의 진정제가 된다.

> 인식된 개별적 현상이 의욕의 동기로 작용하는 것이 아니라 이념을 파악해서 생긴, 의지를 반영하는 세계의 본질에 관한 인식 전체가 의지의 진정제가 되고 그리하여 의지가 아무 거리낌없이 자신을 포기하게 된다.(54절)

의지의 자기 포기에 대해서는 다시 자세히 살펴보기로 하고, 먼저 인간에 대해 논의해보자.

스스로에게는 은폐되어 있지만

인간만이 자의식을 가지고 있기 때문에 자신이 표상으로

서의 세계와 의지로서의 세계에 걸쳐 있음을 의식할 수 있다. 그러나 의지로서의 세계의 영향을 받지 않고 완전히 자유로울 수 있는 것은 아니다. 쇼펜하우어는 '행위의 자유'라는 개념이 허상이라고 생각한다. 인간은 의지가 드러나는 매개체에 불과하니 말이다.

인간은 자신이 무엇인가를 결정할 수 있다고 생각한다. 두 가지 상반된 결정 중 어느 하나를 택할 수 있다고 생각한다. 그러나 쇼펜하우어에 따르면, 이는 마치 수직으로 서 있는 막대가 균형을 잃고 흔들리는 것을 보고 "이 막대는 왼쪽으로 넘어질 수도 오른쪽으로 넘어질 수도 있다"라고 말하는 것과 같다. 쇼펜하우어는 인간이 선택을 한다고 생각하게 되는 이유를 말한다. 동물과 달리 인간은 선택을 하기는 한다. 그러나 쇼펜하우어가 보기에 이 선택은 경쟁하는 동기들 중 가장 강한 동기의 영향을 받아서 결정된다. 따라서 사실은 선택을 한다고는 해도 동기에 의해 결정되어 있는 것이지, 의지의 자유에 의한 것은 아니다. 선택하고 행동하는 당사자조차도 자신의 동기를 알지 못한다. 사실 나 자신이 행동을 하고도 스스로 왜 그렇게 행동했는지 알기 어려운 경우가 꽤 있으니 쇼펜하우어의 설명은 매우 그럴듯하게 들린다. 동기가 하필이면 왜 그렇게 작용하게 되었는지는 동기들 사이의 갈등 때문에 행동의 당사자에게도 분명하게 드러나지 않는다고 쇼펜하우어는 말한다.

인간은 이렇게 행위 당사자에게도 드러나지 않는 동기에 따를 수밖에 없는데도 스스로는 어떤 선택을 해야 하는지를 고민하게 되기에 머리가 아프다. 결국은 동기에 따른 선택을 할 것인데도 그 동기를 정확히 알지 못한 채로 어떤 선택이 자신에게 좋은 결과를 가져올지를 고려해볼 수밖에 없게 되기 때문이다. 그래서 쇼펜하우어는 "인간의 숙고 능력이 인간의 현존을 동물의 현존보다 훨씬 더 고통스럽게 만든다"(55절)고 말한다. 쇼펜하우어가 보기에 인간은 '동기들이 충돌하는 싸움터'다. 선택 결정에 개인적 성격이 영향을 끼칠 가능성이 있기는 하지만 그렇다고 그것이 의욕의 자유에 따른 결정은 아니다. 후회는 다른 것이 아니라 보다 올바른 인식으로 의지에 따라야 했다는 것을 통찰하는 것이다. 결국 후회는 인식의 변화에서 오는 것이지 의지의 변화에서 생기는 것은 아니다. 의지가 변화해서 후회를 하는 것이 아니라 의지가 추동한 의욕을 현실화하는 데 인식이 부족했음을 알아서 후회를 하는 것이다. 인식은 의지 그 자체에는 영향을 미치지 않지만 행동 속에 의지가 나타나는 것에는 영향을 미친다.

인간에게는 자신을 매개체로 하는 의지가 지향하는 행위를 하려는 경향성이 있다. 의지를 체현하고 있는 인간에게 나타나는 의지의 경향성이 바로 성격이다. 인간의 행위는 성격과 동기가 합쳐져서 일어난다. 인간은 자신이라는 표상으로 드러난 의지가 일으키는 의욕에 따라 결정할 수 있을 뿐이다. 그러나 자신이라는 표상으로 드러난 의지가 어떠한지는 스스로도 모른다. 그러니까 내가 할 결정은 스스로에게 은폐되어 있을 뿐 사실은 의지가 일으키는 의욕에 따라 결정되어 있다는 것이 쇼펜하우어의 설명이다.

> 모든 인간은 그의 의지에 의해 있는 그대로의 그이고, 그의 성격은 근원적인 것이다.(55절)

물론 인간의 행동 방식이 눈에 띄게 변할 수는 있지만 그렇다고 해서 성격이 변했다고 말하기는 어렵다. 성격이 발현되는 방식이 다소 바뀐 것일 뿐이다. 의지가 변함없이 추구하는 것을 지금까지와는 다른 방법으로 추구하게 할 수는 있어도 의지 자체를 변화시킬 수는 없다. 외부의 영향이 의지가 지금까지 의욕해온 것과 실제로 다른 것을 의욕하게 만들 수는 없는 것이다. 그래서 쇼펜하우어에게 의욕을 배운다는 것은 불가능한 일이다. 의욕이 먼저고 인식은 나중이다. 스스로가 의욕하는 것을 나중에 인식하는 것일 뿐이다.

의지 자체는 변화하지 않아도 인식이 인간의 행동에 영향을 미쳐 성격이 변한 것처럼 보일 수도 있다. 그러나 이는 성격이 전개되어 여러 가지 특색이 나타나는 것일 수 있다. 시간이 지남에 따라 인간은 자신을 추동하는 동기를 인식하게 된다. 의지와 동기의 연관관계는 인식할 수 없지만 자신을 움직이는 동기는 인식할 수 있게 된다. 자신을 움직이는 동기를 잘 인식하는 사람도 있고 잘 인식하지 못하는 사람도 있다. 자신을 움직이는 동기를 잘 인식하는 사람은 자신을 들여다보는 관찰적 자아가 잘 발달한 사람이다. 자신을 움직이는 동기를 잘 인식한다는 것은 어려운 일이다. 동기에 따라 움직이기에만 바쁘지 동기 자체를 인식하기는 어렵기 때문이다. 그래서 인간은 스스로 생각하는 자기 자신과 실제 자기 자신이 매우 다를 수 있다. 자신을 움직이는 동기를 잘 인식하는 사람은 스스로 생각하는 자기 자신과 실제 자기 자신이 일치하지만, 자신을 움직이는 동기를 잘 인식하지 못하는 사람은 스스로 생각하는 자기 자신과 실제 자기 자신이 다르다.

쇼펜하우어는 인간의 성격을 예지적 성격과 경험적 성격으로 나누어 설명한다. 예지적 성격은 나라는 개체에 객관화된 의지의 경향이다. 인간은 의지에 따라 행위하지만 의지의 내용은 모른 채 행위한다. 경험적 성격은 의지에 따라 내가 의식하

프로이트의 무의식 이론에 영향을 끼친 쇼펜하우어

지성(오성)은 동기를 파악할 수 있지만 의지 자체가 어떠한지까지는 파악하지 못한다. 의지는 그렇게 직접적으로 인식되지 않는다. '직접적으로 인식되지 않는 의지'가 프로이트의 무의식 개념의 원형이 되었다. 쇼펜하우어에게 인식은 오히려 의지의 도구다. 의지가 필요하면 인식이 이루어지고 의지가 필요하지 않으면 인식이 이루어지지 않는다. 의지는 근원적인 것이고 인식은 의지가 현실화되는 데 필요한 일을 하는 의지의 현상인 것이다. 이는 무의식이 의식화되기도 하고 의식화되지 않기도 하는 것과 유사하다. 프로이트 자신도 쇼펜하우어에게서 영향을 받았음을 스스로 인정한 바 있다.

지 못한 채 행위하면서 파악하게 되는 나의 성격이다. 나 자신이 나의 성격을 완전히 파악할 수는 없다. 어떤 행동을 하게 되고 그러한 일련의 행동을 하게 되는 자신의 경향성을 의식하게 될 뿐이다. 나이가 들수록 그러한 자기 자신의 경향성을 의식하게 되어서 자신을 잘 파악할 수 있다. 물론 나이가 들어서도 자기 자신의 경향성을 의식하지 못하는 경우도 있다. 이런 사람은 자기 자신에 대해 생각하지 않고 즉물적으로 일어나는 세상사에 반응하며 살아가기 바쁜 사람이다.

우리의 행위는 언제나 우리의 예지적 성격에 따라 일어날 것이다. 그런데 운명을 미리 알 수 없는 것과 마찬가지로 우리는 예지적 성격을 선험적으로 통찰할 수 없고 경험에 의해 다른

전적으로 의욕의 지시를 받는 사람들

쇼펜하우어가 보기에 대다수의 사람들은 전적으로 의욕의 지시를 받고 있어서 순수하게 지성적인 향유를 누릴 수 없다. 순수한 인식 작용에 들어 있는 기쁨을 맛볼 능력이 거의 없다는 것이다. 실존철학에서 '현존재'라 칭하는 사람들도 의욕의 지시에만 따르는 사람들이다. 의욕을 어떻게 실현하고 욕망을 어떻게 충족시킬 것인가에만 관심을 가지는 사람들은 인간으로서의 충족감이나 만족감을 가지기 어렵다. 이에 비해 자기 자신을 문제시하고 자기 자신을 넘어서서 자기 자신을 들여다볼 수 있는 존재가 실존이다.

사람들을 아는 것처럼 후험적으로 알 뿐이다. (…) 결과로서 일어나는 결정을 통해 우리는 자신이 어떤 종류의 사람인지 알게 되고 우리의 행위로 우리 자신을 비추어 볼 것이다.(55절)

"예지적 성격을 선험적으로 통찰할 수 없다"는 것은 성격을 미리 알 수 없다는 말이다. '지성(오성)은 의지의 결정을 후험적이고 경험적으로 비로소 알게 된다'는 말은 인간이 스스로 행위를 하면서 자신을 움직여가는 의지의 결정을 파악할 수 있게 된다는 말이다. 인간은 의지의 결정을 직접적으로 알 수 없고 의지가 자신에게 드러나는 의욕에 따라 어떤 결정을 할 뿐이다. 그렇기 때문에 예지적 성격과 경험적 성격이 일치하는 경우도 있고 일치하지 않는 경우도 있다. 예지적 성격이 드러나는 방식을 다소 조정할 수 있을지는 모르지만 인간은 결국 스스로도 다 알지 못하는 자신의 예지적 성격에 따라 행위한다. 그래서 인간은 다른 사람이 될 수도 없고, 자기 자신을 알기도 어렵다. 예지적 성격은 그 자체로 파악되지 않고, 예지적 성격에 따른 행위의 축적을 보며 스스로의 경향성을 사후적으로 의식할 수 있을 뿐이기 때문이다.

> 인간은 언제나 같은 존재일지라도 그 자신을 언제나 이해하는 것은 아니며, 어느 정도 본래적인 자기 인식을 획득할 때까지 종종 자신을 오해하기도 한다.(55절)

쇼펜하우어는 이렇게 우리가 왜 자기 자신을 파악하지 못하는지를 아주 설득력 있게 설명한다. 인간은 자기 자신을 알기 어렵다. 자신을 타인처럼 관찰할 수 없기에 자기가 자신을 가장 잘 모를 수 있다. 때로는 남들이 모두 알고 있는 나 자신에 대한 진실을 나 자신만 모를 수도 있다. 그래서 우리 모두는 '나답다'는 것이 무엇인지 알기 어렵다고 느낀다. 앞에서 본 것처럼, 우리는 무엇을 의욕하는지 무엇을 할 수 있는지를 경험을 통해서 알게 된다. '나 자신이 이러이러한 존재다'라고 미리 파악할 수는 없다. 행위하는 나 자신을 보면서 행위 이후에야

어슴푸레 파악할 뿐이다. 그래서 누군가 나에게 "너답다"라고 말하면 "나다운 게 뭔데?"라는 물음을 던지게 된다. 타자들이 나에게 공통적으로 느끼는 그 느낌이 무엇인지 궁금해지는 것이다.

나답다는 것

내가 나인데 역설적이게도 정작 '나답다'는 것이 무엇인지는 나 자신이 남들보다 더 모르겠다. 타인이 나를 보듯이 내가 나 자신을 볼 수는 없기에 나답게 되는 것도 암중모색이다. '나답다'는 것이 무엇인지 미리 규정할 수 없으므로 구체적인 행위를 하면서 '나다운가' '나답지 않은가'를 지속적으로 물어야 한다. 그래서 점점 더 나다워지는 길을 찾아가야 한다. 쇼펜하우어에 따르면, 우리의 행위만이 우리의 의지를 비추는 거울을 우리에게 내밀기 때문이다.(55절) 그래서 우리는 자신의 내면적 핵심에서 나오는 소리에 충실하면서 자기 자신을 차분히 알아가야 한다. 다양한 경험을 해보면서 그 일들에 자신이 어떻게 반응하는지를 잘 살펴야 한다. 자기 자신 안에 있는 외부자의 목소리도 느껴보고, 자신의 본래적 자기에게서 나오는 소리도 들어야 한다. 본래적인 자기 인식을 획득한다는 것이 바로 이러한 것이다. 이를 쇼펜하우어는 "인간은 자기 자신에게 계속 충실하면서 자신의 다이몬에 이끌려 자신의 인생행로를 걸어야 한다"는 표현으로 전달한다. 쇼펜하우어는 인생행로가 일직선일 수 없다고 하면서 "떨면서 고르지 않은 선을 그으며 흔들리고 회피하고 되돌아가며 우회하고 고통을 맛본다"고 말한다. 이 과정에 대해서는 다음 구절을 읽어보는 것이 좋을 듯하다.

> 본래 즐거움은 자기의 힘을 사용하고 느끼는 것 외에는 있을 수 없고, 가장 큰 고통은 자기에게 필요한 힘의 부족을 깨닫는 것이기 때문이다. 그런데 우리의 강점과 약점이 어디에 있는지 규명하면 우리는 우리의 현저한 자연스러운 소질을 키우고 사용하며 온갖 방식으로 이것을 이용하려고 해서 언제나 이것들이 유용하게 적용되는 곳으로 방향을 돌리겠지만, 우리의 소질에 원래 부적합한 노력은 전적으로 또 자기 극복으로 피할 것이다. 즉 우리가 성공하지 못할 것은 시도하지 않도록 유의할 것이다. 그렇게 하는 데 도달한 사람만이 언제나 완전히 분별 있게 전적으로 그 자신이 될 것이다. (…) 그런 다음 그는 종종 자신의 강점을 느끼는 기쁨을 맛볼 것이고, 자신의 약점을 떠올리는 고통은 좀처럼 맛보지 않을 것이다.(55절)

자신의 강점과 약점을 알게 되면 자연적인 소질을 키울 수 있게 되고 또한 소질에 부적합한 노력은 하지 않으려 노력하게 될 것이다. 쇼펜하우어는 그럴 때 완전히 분별 있게 전적으로 그 자신이 된다고 표현한다. 자신의 경향성을 인식하고 조절할 수 있는 사람은 자신의 약점을 잘 알기 때문에 그 약점이 활성화되지 않도록 주의하고, 또 새삼스럽게 자신의 약점 때문에 다시 절망하지 않기 때문에 고통을 약화할 수 있을 것이다. 자신에게 기대해도 되는 것과 기대할 수 없는 것을 구분하는 것은 자기 자신이 되는 것에서 중요한 일이다. 만약 사과가 '왜 나는 오렌지가 아닌가'를 두고 고민한다고 생각해보자. 사과가 '나는 왜 빨갛지? 주황색이고 싶은데!'라든가 '달지만 시고 싶다' 같은 소망에 시달린다면 여러분은 사과더러 뭐라고 하고 싶은가? 아마도 "너는 사과이기 때문에 빨갈 수밖에 없고 달 수밖에 없어. 단 것도 좋고 빨간 것도 좋은데 왜 그걸 바꾸려고 해?"라고 말하고 싶을 것이다.

우리는 대부분 사과처럼 생각하곤 한다. 그러나 사과는 사과일 수밖에 없고 오렌지는 오렌지일 수밖에 없다면, 사과는 자신이 사과임에 만족하는 것이 좋고 오렌지는 자신이 오렌지임에 만족하는 것이 필요하다. 자신이 사과임을 잘 알고 그 장점과 단점을 파악했다면, 설사 오렌지의 장점이 부럽더라도 자신이 가진 장점에 만족하고 단점을 줄이려고 노력하는 것이 좋다. 오렌지가 되고 싶다고 해도 오렌지가 될 수 없음을 알고 또 그렇게 헛된 소망에 시달려봐야 변하는 것은 아무것도 없기 때문이다. 우리는 대부분 자신이 사과임을 인정하지 않으려고 몸부림치는 사과와 같을지도 모른다. 나는 그 친구의 어떤 모습 A를 부러워하는데 역으로 그 친구는 나의 어떤 모습 B(그것도 내가 싫어하는)를 부러워하는 경우가 있다. 그러면 우리는 보통 "야, B 줄 테니까 A 내놔. 부러워할 일도 많다!" 하겠지만 그런 말들이 아무 소용이 없다는 것을 우리는 잘 알고 있다.

> 모든 인간은 자기 의지의 현상에 불과하므로, 반성에서 출발해 있는 그대로의 자신 외에 어떤 다른 것을 의욕하는 것만큼 잘못된 일이 없다. 이것이야말로 의지의 자기 자신과의 직접적인 모순이다. (…) 자기 자신의 성향과 모든 종류의 능력을 알고 변경할 수 없는 한계를 아는 것이 가능한 한 자기 자신에게 만족하는 가장 확실한 길이다.(55절)

자신은 의지의 현상이기 때문에 다른 자기 자신을 의욕한다는 것은 불가능한 일이다. 이 말을 쉽게 하자면 '인간은 생긴 대로 살 수밖에 없다'는 것이 될 수 있겠다. 물론 생긴 것이 발현되는 내용은 조금 바뀔 수는 있지만 말이다. 의욕은 나에게 구현된 의지의 현상이기에 의도할 수도 배울 수도 없다. 그래서 쇼펜하우어가 '의지가 의지 자신과 직접 모순된다'는 표현을 사용하는 것이다. 쇼펜하우어의 말대로 자신의 성향을 알고 자신의 한계를 인정하는 것이 자신에 대한 만족에 도달하는 가장 확실한 방법이다. 우리는 자주 고통 자체보다 그 고통을 피하지 못한 것 때문에 더 괴로워한다. 고통을 당했을 때 그 고통이 불가피했음을 아는 것이 위안이 되기도 하는 것처럼, 자기 자신의 한계가 불가피함을 아는 것, 즉 자신의 특성상 이러저러한 장점과 단점이 있을 수밖에 없음을 아는 것이 자기 자신을 마음에 들어하지 않는 고통을 피하는 방법이다.

사실 자기 자신에 대해 안다는 것은 이 세상의 가장 큰 고통에서 벗어나는 길이다. 고통 중에서도 가장 괴로운 고통은 '자기 자신에 대한 불만'이기 때문이다. 쇼펜하우어에 따르면 자기 자신에 대한 불만은 "자기의 개성에 대한 무지, 그릇된 자부심, 그리고 거기에서 생기는 불손함의 불가피한 결과"다. 자기가 무엇을 잘할 수 있고 무엇을 잘하지 못하는지를 모르는 채로 자기가 잘났다고 여기고, 그래서 겸손하지 않기 때문에 자기 자신에 대한 불만에 빠진다는 것이다. 자기가 못하는 것을 파악하고, 또한 잘하는 것이 있으면 못하는 것도 있음을

변경할 수 있는 것과 변경할 수 없는 것

쇼펜하우어는 말한다. "우리가 화를 입었다는 사실보다는 오히려 사정에 따라서
는 그것을 피할 수도 있었다는 생각이 우리를 더 고통스럽게 한다." '다를 수도 있
었다'는 인식은 우리를 고통에 빠뜨린다. 다를 수 있었는데 무언가 선택을 잘못해
서 좋지 않은 결과를 얻은 것은 아닌가 하는 생각은 우리를 힘들게 한다. 그런데
오히려 '바꿀 수 없었다'는 것이 확인되면 '선택을 달리할 수 없었다'는 것이 되기
에 마음에 평화가 온다. 그래서 쇼펜하우어의 말대로 "변경할 수 없는 필연성을
완전히 확신하는 것보다 우리에게 더 효과적인 위안은 없다."

받아들인다면, 자신에 대한 불만 때문에 괴롭지는 않을 것이
다. 우리는 보통 모든 것을 잘하고자 하기 때문에 무언가 못하
는 것이 있으면 그 문제를 부여잡고 괴로워한다. 그러나 잘하
는 게 있으면 못하는 것도 있기 마련이므로 자신이 잘하지 못
하는 것에 너무 괴로워하지 말고 잘할 수 있는 일을 찾아서 하
면 될 것이다.

　나는 나임을 벗어날 수 없지만 그래도 내가 나 자신을 전
혀 변화시킬 수 없는 것은 아니다. 쇼펜하우어는 '습득된 성격'
이라는 표현을 사용하여 자기 인식에 입각하여 자신에게 가능
성으로 주어진 자신의 특정한 성격을 계발할 수 있다고 말한
다. 습득된 성격은 나에게 구현된 의지의 범위 내에서 스스로
일궈낸 성격이다. 습득된 성격을 가진다는 것은 그만큼 자기가

자기 자신을 바라보고 자신을 만들어갔다는 것을 의미한다. 이렇게 인간은 자신에게 주어진 경향성에서 벗어나지 못하기도 하지만 어느 정도는 그 경향성을 인식하고 조절하기도 한다. 쇼펜하우어에 따르면, 의지 자체는 변화하지 않아도 인식이 행동에 미치는 영향은 크기에 어느 정도의 변화는 이룰 수 있다.

의지의 움직임은 고통이 된다

의지는 끊임없이 뻗어나가는데, 그 뻗어나감이 방해받으면 고통이 생긴다. 그 뻗어나감의 모든 단계에서 의지의 잠정적인 목표가 방해받을 때에 고통이 생기는 것이다. 물론 목표가 충족될 때는 만족과 행복을 얻는다. 그러나 목표가 충족되고 나면 다시금 새로운 소망이 생겨나게 마련이라 그 만족은 너무나 일시적이다. 그리고 설사 방해받지 않는다고 해도 끊임없이 뻗어나가는 그 성향 때문에 새로운 단계에서는 새로운 고통이 생길 수밖에 없다. 의지가 끊임없이 뻗어나가기 때문에 행복도 잠정적이고 고통도 잠정적이다. 의지가 있는 한 고통은 피할 수 없는데, 인간은 의지의 구현체이니 인간이 고통을 겪는 것은 불가피한 일이다. 그런데 의지의 잠정적인 목표가 충족되어 만족을 느끼게 되면 인간은 또 권태를 느끼게 된다. 고통이 없는 상태에서는 권태를 느끼기 마련인 것이다. 그러니 인간의 삶은 "시계추처럼 고통과 권태 사이를 왔다 갔다 한다"(57절)고 말하지 않을 수 없는 것이다. 곤궁과 근심을 면한 거의 모든 사람은 드디어 다른 모든 짐을 벗어던지고 나면, 이번에는 그 자신이 짐이 된다고 쇼펜하우어는 표현한다.

예를 들어 생각해보자. 강제로라도 일을 열심히 하다가 잠시 쉴 때는 그 잠깐의 휴식이 아쉬워서 더 쉬고 싶어진다. 이 휴식은 아주 꿀맛 같은 행복을 가져다준다. 그런데 종일 아무 일이 없을 때에는 그러한 휴식을 느끼지 못한다. 찬물의 시원함은 여름날 뜨거운 햇볕 아래에서 열심히 일하다가 마실 때 느끼게 되지, 냉방 잘되는 사무실에서는 느끼기 어렵다. 요점은, 아쉽기 때문에 뭐든 좋아 보이는 것이고 아쉽지 않은 상태에서는 그리 좋아 보이는 것도 중요한 것도 없다는 것이다. 여가가 여가다우려면 일이 있어야 한다. 세상에서 노는 것에 가장 시큰둥한 사람은 백수다. 그 사람에게는 일과 여가의 구분이 없고, 그리하여 놀이가 놀이로서의 의미를 상실해버렸기 때문이다. 삶의 역설이 바로 여기에 있다. 일을 열심히 해야 노는 것도 재미있어진다는 것, 하고 싶은 것을 하기 위해서라도 하기 싫은 것을 해야 한다는 것, 하고 싶은 것을 하는 경우에도 그 하고 싶은 일이 무조건 내가 좋아하는 일로만 되어 있지는 않다는 것, 더군다나 아무리 하고 싶은 것이라도 계속하면 하기 싫어진다는 것. 그러므로 인생에서 하고 싶은 것을 하면서 느끼는 행복이 유지될 수 없다는 것!

> 행복은 지속적인 충족이나 행복하게 하는 것일 수 없고, 언제나 고통이나 부족으로부터 구원되는 것에 불과하다.(58절)

이제 행복의 비밀이 밝혀졌다. 행복은 고통을 그 이면으로 하고 있다. 충분히 목이 마를 때 마시는 물이 맛있고 충분히 배고플 때 먹는 음식이 맛있다. 그러니 행복이 있으려면 필연코 고통이 먼저 있어야 한다. 이것이 삶의 비밀이다. 그러니 삶이 그대를 속일지라도 슬퍼하거나 노여워하지 말라!

> 우리는 대체로 고뇌가 삶에 본질적이라는 인식과, 그 때문에 그 고뇌가 외부로부터 우리에게 흘러드는 것이 아니라 마르지 않는 고뇌의 샘을 각자 자기 가슴속에 지니고 있다는, 쓰디쓴 약에 비유할 수 있는 인식에 대해 눈을 감고 있다. 우리는 우리에게서 결코 물러서지 않는 고통에 대해 끊임없이 외부의 개별적인 원인, 다시 말해 하나의 평계를 찾는다.(57절)

고뇌가 삶에 본질적이라는 인식을 쇼펜하우어는 "쓰디쓴
약에 비유할 수 있는 인식"이라고 한다. 쇼펜하우어는 약에 비
유하며 이 인식이 필요한 인식임을 강조한다. 고뇌가 삶에 본
질적이라는 것은 반드시 직면해야 할 진실이기 때문이다. 그런
데 이 진실을 자꾸 회피하다 보면 자신의 삶에 끊임없이 일어
나는 고통의 원인을 다른 것에서 찾으려 하게 된다. 행복과 고
통이 동전의 양면이라는 삶의 비의는 우리가 도달해야 할 진
실이다.

> 우리를 괴롭히는 큰 걱정이 결국 다행스럽게 끝나 우리의 가
> 슴에서 사라지자마자 그 대신 다른 걱정이 나타난다. 그것의
> 모든 소재는 이미 존재하고 있었지만 의식이 다른 것을 받아
> 들일 수용력이 없었기 때문에 걱정으로 인해 의식 속에 들어
> 올 수 없었다.(57절)

큰 고뇌가 있으면 작은 고뇌는 별문제가 아니게 되고, 반대
로 큰 고뇌가 없으면 작은 고뇌가 크게 느껴진다. 그러니까 인
간은 아무런 고뇌가 없는 상태에 있기는 어려운 존재인 것이
다. 어떤 상태에서도 문제를 느끼고야 마는 존재인 것이다. 어
떤 사람에게는 암 진단을 받은 것이 문제지만 다른 사람에게

는 입고 싶은 옷이 세탁소에 있다는 것이 문제다. 세탁소에서 옷을 찾아오지 않은 것이 지금 그 사람이 겪는 가장 큰 문제라면 우리는 그 사람이 그만큼 걱정이 없는 사람임을 알 수 있다. 그러나 당사자는 오늘 그것이 가장 큰 고통의 원천이다. 남들 보기에는 별문제 아닌 문제로도 사람은 고통을 겪는다. 그래서 세상에는 고통이 없다고 느끼는 사람이 별로 없게 된다.

누군가는 배우자와의 싸움이 고통이지만 또 누군가는 싸울 배우자가 없는 게 고통이다. 그래서 동일한 상황에서 누군가는 고통을 느끼는데 또 다른 누군가는 고통을 느끼지 않는 일이 벌어진다. 고통에 대한 객관적 기준이라는 것이 없다 보니 어떻게 저런 고통을 저렇게 의연히 견뎌내나 싶은 경우가 있고, 어떻게 저렇게 아무것도 아닌 것을 가지고 고통이라고 소리를 지르는가 싶은 경우가 있다. 쇼펜하우어 역시 고통의 총량은 개인의 기질에 따라 달라진다고 말한다. 의식이 고도화되어 있는 사람일수록 고통을 느낀다. 그러니까 천재가 오히려 더 고통을 느낄 수 있다. 천재는 평범한 사람들이 구분하지 못하는 것을 구분하는 탓에 남들보다 더 고통을 느낀다. 결국 천재는 의식의 수용력이 좋은 사람인 것이다.

모든 개인에게는 그에게 본질적인 고통의 양이 그의 본성을 통해 결정적으로 정해져 있어, 고뇌의 형식이 아무리 변한다 해도 그 고뇌의 양은 계속 비어 있지도 가득 채워지지도 않을 것이다. 그에 따라 개인의 고뇌와 안녕함은 결코 외부로부터 정해져 있는 것이 아니라 사실 그 분량, 그 소질을 통해 정해져 있을 뿐이다. 이 소질(Anlage)은 사실 신체적인 상태에 의해 그때그때 시대에 따라 어느 정도 증감이 있을지 모르지만, 전체적으로는 동일한 것이고, 다름 아닌 그의 기질이라고 불리는 것이리라.(57절)

예를 들어 생각해보자. 음식의 맛을 예민하게 구분하지 않는 사람에게는 음식이 고통의 원인이 되지 않는다. 그런데 음식의 맛을 예민하게 구분하는 사람은 음식으로 인해 천국을 맛보기도 하지만 지옥을 경험하기도 한다. 어떤 상황이든 고통을 더 느끼는 사람이 있고 고통을 덜 느끼는 사람이 있다. 어떤 것에 대해서 '이것은 이래야 하고 저것은 저래야 한다'는 기준을 많이 세울수록 고통을 겪게 된다. 쇼펜하우어는 이를 기질이라 칭한 셈이다. 사람마다 자세히 구분하는 영역도 다르고 또 얼마나 자세히 구분하는가도 모두 다르다. 무언가를 고통이라 칭하는 경향이 강한 바로 그것이 고통의 원인이 된다. 그러면 가능한 한 고통을 덜 느끼는 것은 어떻게 가능해지는가?

일어나는 상황을 문제라고 인식하지 않는 능력은 어떻게 가질 수 있는가? 자기 기준을 강하게 적용할수록 우리는 고통을 겪게 된다. 쇼펜하우어의 대답은 의지로부터 자유로운 인식을 하는 것이다. 의지로부터 자유로운 인식은 개체화의 원리에 사로잡히지 않을 때에야 비로소 가능해진다.

개체화의 원리에 사로잡히면

의지의 맹목적인 움직임으로 인해 인간은 고통을 겪고 고민한다. 의지는 의지대로 움직이지만 그것이 인간에게는 고통이 된다. 자신의 고통과 고민이 의지로 인해 일어나는 일인데도 개체화의 원리에 사로잡혀 있으면 이 연관을 파악하지 못한 채 세계에서 일어나는 일에 마음을 빼앗기게 된다. 이 개별자에게 체현된 의지와 저 개별자에게 체현된 의지가 본래 하나이기는 하지만 서로 다른 개별자들에게서 체현되기에 충돌하게 되는데, 이때 고통이 생긴다. 개체화의 원리는 시간과 공간이다. 의지가 시간과 공간의 형식으로 한정되면 우리에게 표상으로 포착되는 특정한 개체가 된다. 개체화의 원리에 사로잡혀 있다는 것은 개체들이 모두 의지의 표상임을 의식하지 못한 채 하나하나의 개체가 독립적인 존재라고 착각한다는 것이다.

우리는 타인과 내가 전혀 다른 존재라고 느낀다. 그러나 쇼펜하우어가 보기에는 그도 나도 의지가 현상화된 표상이다. 쇼펜하우어에 따르면, 의지가 너라는 사람으로 개체화되고 나라는 사람으로 개체화된 것만 다를 뿐 우리는 모두 의지가 표상으로 드러난 존재다. 물론 너에게는 의지가 너라는 신체를 형성하면서 가지게 되는 경향성이 있고, 나에게도 의지가 나라는 신체를 형성하면서 가지게 되는 경향성이 있다. 그렇지만 그렇다고 해서 너와 내가 완전히 다른 개체인 것은 아니다. 개체화의 원리에 사로잡힌다는 것은 나라는 개체와 너라는 개체가 완전히 분리된 존재라는 착각에 빠지는 것을 의미한다. 너와 내가 동일한 의지의 구현체가 아니고 독립된 개체라고 생각하면 어떻게 되겠는가?

인간은 끊임없는 소망에 시달리는 의지의 구현체로서 표상으로서의 세계에 산다. 표상으로서의 세계에서는 '표상을 하는 나'를 중심으로 생각하게 된다. 여기서 어쩔 수 없이 이기심이 나온다. 의지의 움직임을 살펴보면 자신의 의지에 대한 긍정이 타인의 의지에 대한 부정으로 되는 경우가 많음을 알 수 있다. 예를 들어, 주차장에 주차해놓은 차 안에서 에어컨을 틀고 앉아 있는 사람은 시원하게 있고 싶다는 자신의 의욕에 대해서는 긍정하고 있지만, 차에서 나오는 뜨거운 열기를 고스란히 받아내야 하는 주차관리요원의 '덥지 않았으면 좋겠다'는 의욕은 부정하고 있는 것이다. 나의 의지의 긍정이 누군가의 의지를 부정하는 행위가 되기 쉽다는 것이 인간 삶의 슬픈 모습이다. 개체화의 원리에 강하게 사로잡힌 사람일수록 자신의 의지를 보다 강하게 긍정하기 위해 남의 의지를 부정하는 데까지 이르게 된다.

> 의지는 무수한 개체들 속에서 자기 신체의 자기 긍정을 병렬하여 나타내면서, 모든 개체에 독특한 이기심에 의해 어떤 개체에서는 이 긍정을 넘어서 자칫하면 다른 개체 속에 현상하는 동일한 의지를 부정하기에 이른다.(62절)

> 침해자는 (…) 자기 자신의 의지를 그 현상을 넘어 긍정하고 남의 의지를 부정하는 데까지 이르는 것으로, 이는 곧 부당한 일을 행하는 것이다.(62절)

이 경우에 쇼펜하우어는 한 개체의 의지가 다른 개체의 의지에 대한 '긍정의 한계에 침입한다'는 표현을 사용했다. 이는 다른 개체의 의지를 침범한다는 의미로 이해하는 것이 적절하다. 다른 개체의 의지를 침해하면 이것이 사회에서는 잘못된 행위, 부정의한 행위로 간주된다. 내가 누군가에게 억압을 가하는 것을 쇼펜하우어식으로 표현하자면, 남의 육체에 객관화된 의지를 나의 육체에 객관화된 의지에 종속시키는 것이라고 할 수 있다. 그래서 쇼펜하우어는 부정의한 행위란 '어떤 개인이 자기의 육체에 나타나 있는 의지의 긍정을 확대하고 남의 육체에 나타나 있는 의지를 부정하는 행위'라고 정리했다.

　모든 생명체는 자신의 의지를 긍정하기 마련인데 그 의지의 긍정이 곧 누군가의 의지를 부정하는 결과를 초래하기 때문에 의지와 의지의 충돌이 일어나게 된다. 그런데 어떤 사람은 자신에게 구현된 의지가 너무 강렬하다 보니 다른 사람에게 구현된 의지를 지나치게 부정해버리기도 한다. 부정의한 행위에는 고통이 따른다. 부정의한 행위를 했다는 것은 그 행위를 한 자의 의지가 지나치게 강했다는 것을 의미한다. 자기 안에서의 의지의 긍정이 지나치게 강렬해서 남의 의지 현상을 부정하는 데까지 이른 것이다. 자신의 신체에 현상하는 삶에의 의지를 긍정하는 것을 넘어서서 다른 개인들에게서 현상하는 의지를 부정하는 것은 고도의 이기심이다. 이러한 사람들은 삶에의 의지가 아주 격렬하고 개체화의 원리에 지나치게 매몰되어 타인을 자신과 전적으로 구분한다. 그래서 이들은 타인이 자신의 삶에의 의지를 긍정하는 데 도움이 되지 않을 때는 전혀 관심을 두지 않는 모습을 보일 수 있다. 이렇게까지 삶에의 의지가 격렬한 것은 그 자체로 고뇌의 원천이 된다. 격렬한 삶에의 의지는 강한 의욕으로 드러날 수밖에 없고, 강한 의욕은 충족되지 않을 경우 심하게 좌절할 것이기 때문이다. 삶에의 의지가 지나치게 강할 경우 자기 자신이 스스로에게 지나친 부담이다. 자신도 어쩔 수 없는 자신의 경향성 때문에 힘겨워지는 것이다.

쇼펜하우어는 의지 부정을 하는 자와 의지 부정을 당하는 자가 현상으로서는 구분되지만 실제로는 모두 '의지 작용의 피해자'라고 생각한다. 가해자나 피해자 모두 의지의 맹목적인 움직임에 휘둘린 것뿐이기 때문이다. 그래서 쇼펜하우어는 "고통을 가하는 사람과 고통을 당하는 사람의 차이가 현상에 불과하고 양자 속에 살아 있는 의지인 사물 자체(물자체)와는 관계가 없음을 통찰한다"(63절)고 말한다. 가해자든 피해자든 모두 의지의 작용에 의한 것이고, 의지의 작용이 현상으로 구현된 것일 뿐이다. 그래서 쇼펜하우어에게 괴롭히는 자와 괴롭힘을 당하는 자는 하나다. 흔히 괴롭히는 자는 고통을 당하지 않는다고 생각하고, 괴롭힘을 당하는 자는 죄를 짓지 않는다고 생각한다. 그러나 괴롭히는 자 역시 고통을 당해서 괴롭히는 자가 되기도 하고, 괴롭히는 과정에서 타인에게 고통을 가하기만 하는 것이 아니라 고통을 당하기도 한다. 갑질을 하는 사람의 경우에도, 괴롭히는 과정에서 소리를 질러야 하고 화를 내야 한다. 이 과정이 갑질을 당하는 사람에게만 고통스러운 것은 아니다. 갑질을 하는 사람은 자신이 갑질을 할 수 있다는 것에 취해 갑질을 하는 것에 집중하고 있지만 그것은 사실 고통이다. 그들이 갑질을 하느라 내는 소리를 들어보면 엄청난 고통의 소리임을 알 수 있다. 이를 목도하는 관찰자들은 누구나 '저렇게 살고 싶을까' 하는 생각을 하게 된다.

갑질을 하는 사람은 타인이 자신의 욕망대로 움직이지 않는다는 것에 화를 내면서 자신이 현재 힘을 행사하고 있다고 느낀다. 그러나 타인이 자신의 욕망대로 움직여야 한다는 그의 전제는 그를 고통의 나락으로 밀어넣는다. 그는 타인이 자신의 욕망대로 되지 않을 때 화를 낼 수 있다는 가능성을 좋아하지만, 그렇게 화를 내야만 하는 상황은 결국 고통이다. 개체화의 원리에 사로잡혀 '당장 강한 말을 누가 하느냐'에만 국한해서 생각하면 갑질을 하는 사람은 괴롭지 않은 것 같은 착각이 들지만, 갑질을 하는 사람 역시 평화롭지 못한 상황에 처하는 것은 마찬가지다. 악인의 마음에는 마야의 베일이 짙게 드리워 있어 이기심이 부추겨진다고 쇼펜하우어는 말한다.

괴롭히는 자와 괴롭힘을 받는 자는 하나다. 괴롭히는 자는 고통을 당하지 않는다고 생각하고, 괴롭힘을 당하는 자는 죄를 짓지 않는다고 생각하면서 잘못을 범하고 있다. 둘 다 눈을 뜨게 되면 고통을 가하는 사람은 이 넓은 세상에서 고통을 당하는 모든 것 속에 자신이 살고 있음을 깨닫게 될 것이고, 이성을 갖춘 자라면 어떤 잘못으로 생겼는지 알 수 없는 큰 고통이 무엇 때문에 존재하게 되었을까 헛되이 생각할 것이다.(63절)

의지가 구현된 개체 간의 엇갈림이 인간의 모든 고통의 원천이다. 쇼펜하우어는 생각이 있는 사람이라면 고통의 원인이 무엇인지 생각하겠지만 이는 헛되다고 말한다. 어차피 의지의 움직임에는 이유가 없기 때문이다. "둘 다 눈을 뜨게 되면 고통을 가하는 사람은 이 넓은 세상에서 고통을 당하는 모든 것 속에 자신이 살고 있음을 깨닫게 될 것"이라는 쇼펜하우어의 말은 가해자와 피해자 모두가 모든 것이 의지의 작용임을 깨닫게 되면 가해자는 자신에게 구현된 의지와 다른 존재에게 구현된 의지가 사실은 하나임을 알게 된다는 의미다.

현상적으로는 고통을 받는 사람과 고통을 주는 사람이 확연히 구분되는 것처럼 보이지만, 고통은 의지의 작용이기 때문에 고통을 주는 사람도 언젠가는 의지의 작용으로 인한 고통을 겪을 수밖에 없다. 쇼펜하우어는 근거율에 사로잡힌 인식으로는 이 영원한 정의를 볼 수 없다고 말한다. 그러나 쇼펜하우어에 따르면, 영원한 정의는 세계의 본질로 존재하고 있다. 모든 것이 맹목적 의지의 움직임임을 직시한 사람은 화와 복의 동일성을 통찰하여 복을 바라지도 않고 화라고 거부하지도 않는다. 이는 화와 복을 모두 물리치고 삶에의 의지를 부정하는 것이다.

그런데 개체화의 원리와 근거율에 사로잡힌 인식에서는 반대급부의 고통을 가해자에게 돌려준다든가 하는 방식으로 영원한 정의를 실현하고자 한다. 그러나 쇼펜하우어가 보기에는 이러한 방식으로 정의가 실현된다고 생각하는 것 자체가 의지의 본질을 꿰뚫지 못한 것이다. 타인의 고통이 자신의 고통과 구분되지 않는다는 진실을 직시하는 사람은 보복이나 복수에 연연하지 않는다. 개체화의 원리를 간파하는 인식으로 볼 때 행복한 삶 역시 우연히 얻게 된 것이지 지속될 수 없는 것이다. 맹목적으로 움직이는 이 의지가 지금은 이런 방식으로 현상했지만 시간이 흐른 후에도 같은 방식으로 현상하리라는 보장이 없기 때문이다.

개체화의 원리에 매인 사람은 자신의 소유에 관심을 가지고 자기에 매몰되느라 마음이 좁아진다. 쇼펜하우어는 '기만적 쾌락'이라는 표현을 사용한다. 우리는 행복감을 얻으리라는 기대를 가지고 쾌락을 추구하지만, 결국 그러한 쾌락 추구는 행복감을 주지 않는 것으로 드러난다. 의지는 어떤 인간을 통해서는 기만적 쾌락을 즐기는 모습으로 나타나고 또 다른 인간을 통해서는 고통과 궁핍에 시달리는 모습으로 나타난다. 기만적 쾌락이든 고통과 궁핍에 시달리는 모습이든 모두 의지의 작용이고 결국은 고통일 뿐인데 겉으로 드러나는 모습이 쾌락이냐 고통이냐에만 집중하는 것은 개체화의 원리에만 사로잡혀 있는 것이다. 이와는 달리 표상으로서의 세계의 배후에서 움직이는 의지를 볼 수 있는 사람은 영원한 정의를 볼 수 있고 이 영원한 정의에서 위로를 받을 수 있게 된다. 그러나 이러한 인식에까지 이르는 사람은 매우 드물다고 쇼펜하우어는 말한다.

정의로운 사람

쇼펜하우어에 따르면, 그 자신의 의지를 긍정하면서도 다른 개체에 나타나는 의지를 부정하는 것으로 나아가지 않는 사람이 정의롭다. 악인에게는 개체화의 원리가 절대적인 칸막이이지만 정의로운 사람에게는 그렇지 않다. 즉 악인은 나와 네가 절대적으로 구분되는 개체라고 생각하지만, 정의로운 사람은 그렇게 생각하지 않는다. 쇼펜하우어는 자발적인 정의의 가장 내적인 근원은 개체화의 원리를 꿰뚫어보는 정도에 있다고 말한다. 개체화의 원리를 깊이 인식할 경우, 자기 이외의 존재를 자신과 동일시하여 그 존재를 해치지 않는다. 개체화의 원리를 간파하고 사물 자체의 본질과 전체를 인식하는 사람은 모든 것이 의지의 작용임을 알기에 의지가 현상하는 방식에 일희일비하지 않는다. 그리고 나와 남의 구분에 매몰되지도 않는다.

덕이 가능해지는 것도 나나 남이나 모두 의지의 현상들이라는 인식 때문이다. 쇼펜하우어는 덕을 '심정의 선함'이라고 표현한다. 심정의 선함은 다른 철학자들이 말하는 것처럼 이성적인 사유에서 나오는 것이 아니다. 심정의 선함은 그나 나나 모두 의지가 현상한 존재, 즉 의지의 구현체일 뿐이라는 것, 내가 고통을 받으면 괴롭듯이 그도 고통을 받으면 괴롭다는 것을 직관적으로 느낄 때 얻게 되는 그 무엇이다. 그리고 그도 자신에게 구현된 의지의 움직임에 따를 뿐이고 나도 나에게 구현된 의지의 움직임에 따를 뿐인데, 어쩌다가 그에게 구현된 의지와 나에게 구현된 의지가 충돌할 뿐이라는 것을 받아들이고 또한 상대방 역시 자신에게 구현된 의지에 따라 좌우될 수밖에 없는 사람임을 받아들여서 상대방에게 구현된 의지의 움직임을 애틋한 시선으로 바라볼 때 가지게 되는 무엇이다.

> 개체화의 원리를 간파하고 의지가 모든 현상에서 동일하다는 것을 아주 분명히 직접 인식하게 되면 그 인식은 즉각 의지에 계속적인 영향을 미칠 것이다. 말하자면 어떤 사람의 눈앞에 마야의 베일, 즉 개체화의 원리가 확연히 드러나서 그가 자신과 남을 더 이상 이기적으로 구별하지 않고 다른 개체의 고뇌에 자신의 고뇌처럼 커다란 관심을 가지며, 그럼으로써 언제라도 남을 도울 마음을 가질 뿐 아니라 자신을 희생하여 남을 구할 수 있을 때 기꺼이 그 자신을 희생할 용의가 있다면, 그 결과 자연히 모든 존재 중 자신을, 자신의 가장 내적이고 참된 자기를 인식하는 사람은 모든 생물의 무한한 고뇌도 자신의 것으로 간주하고 전 세계의 고통도 분명 자신의 것으로 받아들일 것이다.(68절)

쇼펜하우어의 이 말은 불교의 자타불이(自他不二)를 떠올리게 한다. 자타불이란 나와 남이 다르지 않다는 의미다. 이렇게 개

칸트 윤리학에 대한 비판

칸트는 개인의 선한 경향성에 따라 행동하는 경우는 도덕적 행동이라 보지 않는다. 그것은 경향성에 따른 행동이지 도덕원칙에 따른 행동이 아니기 때문이다. 칸트가 보기에는 경향성에 따른 행동은 경향성에 따라 바뀔 수밖에 없기 때문에 안정적이지 않다. 그리고 그러한 행동은 자신의 경향성에 따른다는 이익이 생긴다. 칸트는 정언명령이라는 도덕원칙에 따라 행위를 할 때 그 행위를 도덕적 행위라고 본다. 자신의 경향성이나 이익과 상관없이 그 행위가 도덕적이라는 이유만으로 그 행위를 하는 것, 그것이 도덕성이라는 것이 칸트의 입장이다. 칸트는 윤리학을 체계적으로 정밀하게 구축한 철학자다. 그런데 이 윤리학은 쇼펜하우어가 보기에 인간의 특성을 제대로 반영하지 않은 윤리학이다.

체화의 원리에 종속되지 않는 사람은 관심이 자기 자신에게만 집중되지 않고 살아 있는 모든 것을 향해 퍼지기 때문에 마음이 넓어진다. 덕 있는 사람이 되려면 타인과 내가 완전히 구분되지 않는다는 것을 인정할 수 있어야 한다. 타인과 내가 의지의 현상 형식일 뿐 통상적으로 생각하는 것처럼 확연히 구분되지 않음을 알아야 한다. 그리고 고통의 다른 얼굴은 행복이고 고통과 행복이 그리 다른 것이 아니며 타인의 고통도 언제든 나의 고통이 될 수 있다는 것을 받아들여야 한다. 그래야만 자신의 의지를 긍정하면서도 자신의 의지를 긍정하기 위해 타인의 의지를 부정하지 않는 사람, 즉 타인의 의지를 부정하지 않는 수준까지만 자신의 의지를 긍정할 수 있는 사람이 될 수 있다. 그런 사람은 타인의 고통이 나의 고통과 완전히 구분되는 것이 아니라는 것을 알기에 타인의 고통을 완화하기 위해서 노력한다. 그래서 덕 있는 사람이 된다.

개체화의 원리에 매몰된 시각으로는 타인과 나를 구분하고 타인이 누리는 것을 부러워하느라 우리 모두가 의지의 현상체에 불과하다는 것을 잊게 된다. 이렇게 개체화의 원리에 매몰되는 것을 두고 쇼펜하우어는 '마야의 베일에 가리워진다'고 표현한다. 그래서 쇼펜하우어는 자선사업하는 사람을 두고 "마야의 베일을 훤히 들여다보고 개체화의 원리의 기만에서 벗어난 사람"이라고 말한다. 마야의 베일에 덮여 있으면 개체화의 원리에 매여서 나와 타인을 완전히 다른 개체로 보게 되기에 다른 사람에게 자신의 소유를 내어주는 선택을 하지는 못하게 된다.

개체화의 원리에 매이지 않는 사람은 삶에의 의지의 본질을 꿰뚫어보기 때문에 의지가 자신에게 의욕을 불러일으키지 않도록 조절한다. 쇼펜하우어에게 덕 있는 사람은 자신의 의지를 긍정하면서도 자신의 의지를 긍정하기 위해 타인의 의지를 부정하지 않는 사람이다. 개체화의 원리에 매이지 않는 시선에서는 타인의 고통과 나의 고통이 구분되지 않기에 타인의 고통을 완화하기 위해 노력하게 된다. 쇼펜하우어는 동고를 말한다. 동고란 자신이 아닌 다른 존재의 고통을 자신의 것으로 느낄 수 있는 심정이다. 모든 존재가 의지의 지배를 받기에 고통스럽다는 것을 인식하면 동고의 마음을 가지게 된다.

쇼펜하우어는 개체화의 원리를 미미한 정도라도 간파하면 정의가 생긴다고 말한다. 개체화의 원리를 파악하고 거기에 덜 얽매이면 정의로워질 수 있다. 개체화의 원리를 높은 정도로 간파해서 개체화의 원리를 넘어서면 설수록 다른 사람들에 대한 순수한, 즉 비이기적인 사랑으로 나타나는 본래의 착한 마음씨가 생긴다. 이 사랑의 정도가 높으면 다른 개체의 운명을 자신의 운명처럼 여기게 된다. 최고의 자비와 고결한 마음에 도달한 사람은 다른 많은 사람의 안녕을 위해 자신의 안녕과 삶을 완전히 희생할 것이다. 이러한 사람이 불교에서 말하는 보살이다. 쇼펜하우어가 이러한 사례로 드는 사람 중에 우리에게 잘 알려진 인물이 소크라테스(Socrates)와 조르다노 브루노(Giordano Bruno)다. 이들은 다른 사람의 안녕을 위해, 진리를 위해 죽음을 선택한 사람들이다.

쇼펜하우어는 자기에게만 관심을 집중하고 있으면 자기에 대해서만 소심하게 배려하게 되지만, 살아 있는 모든 존재에게 관심을 가지면 "조용하고 자신 있는 명랑함"이 생긴다고 말한다. 자신이 아닌 다른 존재의 고통을 자신의 것으로 느낄 수 있는 사람의 성정은 결국 동고다.

> 모든 참되고 순수한 사랑은 동고이고 동고가 아닌 모든 사랑
> 은 사욕이다.(66절)

정말로 참되고 순수한 사랑이라면 상대방의 고통을 함께
느낄 수밖에 없다. 쇼펜하우어는 자신의 가장 내적이고 진실한
자신을 인식하는 사람은 모든 생물의 무한한 고통도 자신의
고통으로 간주하고 전 세계의 고통도 분명 자신의 것으로 받
아들일 것이라고 말한다.

의지의 움직임에서 놓여나다

동고는 우리가 세계의 근원과 본질에 대한 성찰을 통해서
얻을 수 있는 상태다. 인간은 누구나 의지의 움직임에 굴복하
고 의지에 좌우될 수밖에 없다는 것을 알게 되면, 이렇게 너나
없이 의지의 맹목성에 휘둘리는 것이 부질없다는 결론에 자연
스럽게 이른다. 의지의 맹목성에 휘둘리는 것이 허망하다고 느
끼는 것을 두고 쇼펜하우어는 "의욕의 진정제", "의지가 생을

떠남"이라는 표현을 사용했다. 삶의 고통을 파도에 비유해보자. 끊임없이 파도가 치는 것을 보면서 파도가 오면 온다고 괴로워하고, 가면 간다고 괴로워한다면 너무나 많은 괴로움을 느끼게 될 것이다. 터무니없는 이유로 괴로움이 온다는 것을 느끼게 되면 그 터무니없는 이유에 영향받고 싶지 않게 된다. 그래서 모든 존재가 의지의 맹목성에 좌우되기 때문에 고통에 시달린다는 것을 인식하는 사람은 덕에서 '금욕'으로 이행하게 된다고 쇼펜하우어는 말한다. 삶에의 의지의 본질을 꿰뚫어보기 때문에 의지가 자신에게 의욕을 불러일으키지 않도록 조절하게 된다는 것이다.

> 그 자신의 본성과 수많은 쓰라린 투쟁을 거친 뒤 결국 완전히 극복하는 인간은 순수하게 인식하는 존재로서만, 세계를 맑게 비추는 거울로서만 남아 있다. 그는 더 이상 아무것에도 불안해하거나 동요하지 않는다. 그는 이 세상에 우리를 묶어두고 계속적인 고통에 시달리게 하면서 욕망, 두려움, 질투, 분노로서 이리저리 휩쓸리게 하는 의욕의 온갖 수천 가지 실마리를 끊어버렸기 때문이다.(66절)

"순수하게 인식하는 존재로서만, 세계를 맑게 비추는 거울로서만" 남는다는 표현이 특징적이다. 내 마음에 채색된 것이 하나도 없이 있는 그대로를 보는 것은 명상의 가장 높은 단계일 것이다. 쇼펜하우어는 이러한 사람의 모습이 여러 종교에서 성인으로 묘사되고 있음을 지적한다. 여러 문화권의 상이한 종교에서도 성인의 모습에 대한 설명은 앞의 설명과 대동소이하다. 그런데 이러한 의지의 부정은 한번 이루었다고 해서 지속할 수 있는 상태가 아니다. 끊임없는 투쟁을 통해 새로 획득해야 한다. 인간은 육체를 가지고 있는 의지의 구현체여서 언제든 의지로부터 침입당하기 때문이다. 성인들이 누리는 평정은 쇼펜하우어의 표현대로 "끊임없는 극복에서 생긴 꽃송이"다. "의지의 새로운 긍정에 대한 끊임없는 유혹"을 견뎌내야만 의지의 부정으로 인한 평정을 누릴 수 있다, 쇼펜하우어는 이를 "의지의 자유"라고 표현했다.

> 의지의 자유는 의지가 그 본질 자체의 인식에 도달하여 이 인식에서 진정제를 얻고 바로 그럼으로써 여러 동기의 작용에서 벗어날 때 비로소 나타난다.(70절)

쇼펜하우어는 의지의 부정은 '의지를 부정하려는 의지 작용'에 의한 것이 아니라고 주장한다. 의지를 부정하려는 의지 작용에 의한 것이라면 여전히 의지의 연쇄에서 벗어나지 못한 것이기 때문이다. 의지의 부정은 의지 자체에 대한 부정이지 의지를 부정하려는 의지 작용은 아니다. 의지의 부정은 인식에서 나오고 인식을 통해 이루어지는 너무나 자연스러운 전환이기 때문에 이것을 경험하는 사람들은 은총처럼 느끼게 된다. 이는 기독교에서 말하는 거듭남의 은총과 아주 유사하다. 쇼펜하우어는 자신이 말하고자 하는 바가 이미 기독교의 교의에 있었음을 인정한다. 기독교에서 말하는 '거듭남'의 상태가 자신이 말하는 '의지의 부정' 상태와 일치한다는 것이다. 의지의 부정은 개체화의 원리에 얽매이지 않으면서 자신과 타인들을 통해 나타나는 의지 작용의 흐름에 대해 치열하게 사색해서 얻게 되는 인식의 전환을 통해 이루어지는 것이다. 그래서 의지의 부정의 상태가 거듭남의 상태와 같다는 쇼펜하우어의 설명은 거듭남이 얼마나 어려운 것인지, 진정한 신앙이 얼마나 치열한 노력을 기반으로 하는지를 일깨워 준다. 쇼펜하우어는 '거듭남'이라고 하는 것은 의지의 자유의 유일하고 직접적인 표현이라고 말한다.

이제 우리는 『의지와 표상으로서의 세계』의 마지막 부분에 도달했다. 쇼펜하우어는 자신이 말하는 의지의 부정이 '허무나 공허함에 지나지 않는 무(無)'로 보일 것을 알고 있기에 다음과 같이 말한다.

> 우리는 오히려 의지가 완전히 없어진 뒤 우리에게 남아 있는
> 것이 아직 의지로 충만한 모든 사람에게는 무에 지나지 않는
> 다는 사실을 거리낌 없이 고백한다. 그러나 이와 반대로 의지
> 가 방향을 돌려 스스로를 부정한 사람들에게도, 우리의 그토
> 록 실재적인 이 세계는 모든 태양이나 은하수와 더불어 무인
> 것이다.(71절)

여기서 쇼펜하우어는 두 번째 무에 각주를 단다. 각주의 내
용은 "이것이 바로 불교도의 '반야바라밀'이며 '모든 인식의
피안', 즉 이미 주관과 객관이 없는 경지다"이다. 의지로부터
자유로운 인식에게는 영원한 정의가 포착된다. 그런 상태에 대
해서는 많은 종교에서 말하고 있지만, 경험하지 않고는 알 수
없고 또 경험한다고 해도 언어의 영역을 넘어서는 경험이기
때문에 언어로 표현할 수 없다. 쇼펜하우어는 이 무가 허무, 공
허의 무로 오해될 것임을 알고 있다고 언급하면서도, 우리에게
무에 대해 설명을 하지는 않는다. 그래서 두 가지 의미의 무를
언급하는 수준에서 만족할 수밖에 없다.

여기서 쇼펜하우어가 말하는 첫 번째 무는 허무, 공허다.

두 번째 무는 '꽉 찬 무', 즉 공(空)으로 보아야 할 것이다. 이 해설서에서 '공'을 어찌 감히 규정하겠느냐마는 굳이 표현하자면, 세상에 대한 모든 규정이 들어 있어 그 자체로 꽉 차 있지만 그 모든 규정이 서로를 무화시켜(즉 제1의 규정을 의미 있게 받아들이려다 보면 제2의 규정이 제1의 규정을 무의미하게 만들고, 또 제2의 규정을 의미 있게 받아들이려다 보면 제3의 규정이 제2의 규정을 무의미하게 만들고, 또 제3의 규정을 의미 있게 받아들이려다 보면 제4의 규정이 제3의 규정을 무의미하게 만드는 과정의 연속으로 인해) 어떤 규정도 규정으로서의 힘을 발휘할 수 없는 상태, 그래서 그 자체로 무가 되어버리나 그것이 허무의 무는 아닌 상태, 무라고 말할 수밖에 없지만 모든 규정을 포괄하기에 더 이상의 규정이나 말이 필요 없게 되는 상태라고 하는 것이 언어적 설명으로는 최선이 아닐까 생각한다. 그러나 이것도 언어로 설명할 수 없는 것을 언어로 설명하려는 어설프고 우매한 시도에 불과하다. 이제 우리는 언어로 표현할 수 없고 체험을 통해서만 알 수 있다는 불립문자(不立文字)의 영역에 들어섰다. 『의지와 표상으로서의 세계』는 "더불어 무다"라는 말로 끝난다.

3장

철학의 이정표

『쇼펜하우어의 행복론과 인생론』
아르투어 쇼펜하우어, 을유문화사, 2013

쇼펜하우어의 주저인 『의지와 표상으로서의 세계』에서 특히 대중에게 전하고 싶은 내용을 모은 책이다. 쇼펜하우어는 이 책을 『의지와 표상으로서의 세계』에 부록으로 붙이려고 썼다. 그런데 부록으로 붙이지 못하고 『소품과 부록』(『여록과 보유』라고 번역되기도 한다)이라는 독립된 책으로 출간하게 되었다. 한국어 번역본의 제목은 『쇼펜하우어의 행복론과 인생론』이다. 이 책의 내용은 말 그대로 쇼펜하우어의 행복론과 인생론에 해당하는 내용이기에 제목을 이렇게 붙인 것이 설득력이 있다. 행복론 부분은 철학 용어에 익숙하지 않아도 읽을 수 있고, 인생론 부분에는 『의지와 표상으로서의 세계』에 나오는 용어가 등장한다.

이 책은 쇼펜하우어의 만년에 명성을 가져다준 책이다. 인생에 관한 잠언식 글이 대중에게 친숙하게 다가간 듯하다. 이 책의 인기로 인해 『의지와 표상으로서의 세계』까지 재조명되었고, 덕분에 쇼펜하우어는 생애 마지막 8년을 국제적인 인사로 살게 되었다. 쇼펜하우어는 이 책의 서문에서 자신이 이미 『의지와 표상으로서의 세계』에서 행복론이 불가능하다고 서술해놓았지만 행복론이라 할 이 책을 굳이 쓴다고 말한다. 스스로 불가능하다고 생각한 행복론을 쓰는 이유는 설명하지 않고, 그런 오류에도 불구하고 행복론을 완성하기 위해 자신이 원래 목표로 하는 형이상학적이고 윤리적인 관점을 포기하고 이 책을 썼다고 서술한다. 머리말 어디에도 자신이 왜 행복론을 쓰는지는 설명하지 않는다.

그러나 염세주의자로 알려진 쇼펜하우어의 행복론과 인생론은 우리의 관심을 끈다. 사실 삶의 고통을 적나라하게 파헤쳐서 염세주의로 분류되기는 하지만, 쇼펜하우어는 인간 삶의 현실을 있는 그대로 드러냈을 뿐이다. 어차피 우리가 의지의 맹목적인 움직임에 따라 살아야 한다면 그 의지의 움직임에 휘둘리지 않는 방법을 생각하는 것이 현명한 일일 것이다. 삶이 허무하다고 해서 우리가 꼭 불행해야 하는 것은 아닐 터이니 말이다.

만년의 쇼펜하우어가 알 수 없는 의지의 움직임이라는 풍랑을 헤쳐나가야 하는 인간에게 현실적인 도움을 주기 위해 쓴 책이라고 보면 된다. 쇼펜하우어의 재기발랄한 문장을 만나는 재미도 있다.

『도덕의 기초에 관하여』
아르투어 쇼펜하우어, 책세상, 2019

쇼펜하우어는 『의지와 표상으로서의 세계』에서 동고를 결론으로 내놓는다. 그는 도덕의 기초인 동고의 마음이 일어나는 근거를 "이것은 너다"라는 깨달음이라고 주장한다. 이 주장은 『의지와 표상으로서의 세계』에도 나오지만 이 책 『도덕의 기초』에서 좀더 완성된 형태로 개진된다. 이 책에서 쇼펜하우어는 칸트 윤리학의 기초를 밝히며 비판하고, 자신이 주장하는 윤리학의 근거에 대해 서술한다.

도덕에 관해서는 선천적 도덕원칙을 말하거나 보편적 도덕감을 주장하는 철학이 대부분이다. 소크라테스-데카르트-칸트로 이어지는 합리주의 계열의 철학에서는 도덕의 자명한 원리들이 존재하고 이 원리들은 이성에 의해 파악된다고 보았다.

칸트의 경우, 이성을 가진 인간이 스스로 정언명령이라는 도덕 법칙을 정립할 수 있고 이 정언명령에 입각하여 도덕적 행위를 할 수 있다고 보았다. 또한 허치슨, 샤프츠버리 등의 도덕감 이론에서는 인간은 태어나면서부터 도덕적 가치를 인식하는 정서, 즉 보편적인 도덕감을 지닌다고 주장했다. 쇼펜하우어는 이 둘 모두에 반대한다. 인간이 정언명령을 정립할 수밖에 없다는 것을 인정하지 않고 보편적 도덕감도 인정하지 않는다.

쇼펜하우어는 이들과는 달리 실질적으로 인간 행동 이면의 숨겨진 이유에 주목한다. 기본적으로 쇼펜하우어는 도덕의 모습으로 나타나는 인간의 행동이 사실은 이기적인 이유에서 나온다고 본다. 이러한 쇼펜하우어의 생각은 니체와 프로이트로 이어진다. 니체는 양심을 인간의 내부로 향하는 잔인한 본능으로 보았는데 이러한 생각은 프로이트에게서도 발견된다. 쇼펜하우어는 이기심을 전제하더라도 정의와 인간애의 덕이 가능함을 보여준다.

쇼펜하우어에 따르면, 타인의 고통을 줄이려는 마음만이 참된 도덕적 행위다. 고통받는 타자에게서 나를 볼 때 동고의 마음을 가질 수 있게 된다. 이기적인 인간이 동고의 마음을 가질 수 있는 것은 모든 것에서 "이것은 너다"라는 깨달음을 얻을 때다. 이 책에서는 이 연결을 『의지와 표상으로서의 세

계』보다 자세히 서술하고 있다. 이기적일 수밖에 없는 인간의
현실에 기반하여 도덕의 가능성을 주장하는 것이 이 책의 특
징이다.

『인간의 이해력에 관한 탐구』
데이비드 흄, 지식을만드는지식, 2012

쇼펜하우어가 흄의 저서를 독일어로 번역하려고 한 것은
우연이 아니다. 흄은 인간 본성이 지니는 힘과 능력을 면밀히
조사하여 이성의 한계를 철저히 파헤쳤다. 흄은 18세기 영국의
경험주의 철학자로서 상당히 정밀한 회의주의의 시선으로 이
성의 실체를 해부하려 노력했다. 흄과 관련해서는 칸트가 흄의
회의주의가 자신을 독단의 잠에서 깨어나게 해주었다고 말한
것이 유명하다.

이성을 정념의 노예라고 본 흄은 이성에 대한 신뢰가 약하
다는 측면에서 쇼펜하우어와 같은 계열로 보이지만, 이성의 한
계를 알고 이성을 활용하자는 태도여서 쇼펜하우어와 다르다.
흄이 보기에 이성에 대한 과도한 신뢰는 금물이지만 그렇다고

우리가 이성을 포기할 수는 없기 때문이다. 흄은 이 책의 1장에 "명확하고 정당한 추론만이 모든 것을 치유할 수 있는 치료제"라고 썼다. 그는 불합리성과 오류를 은폐하는 역할을 해온 난해한 철학을 뿌리 뽑고자 했다. 흄은 자신의 이성의 칼날을 벼리고 벼려서 이성을 한계 끝까지 사용하는 태도를 견지했다.

『인간의 이해력에 관한 탐구』는 1739년에 발간한 『인간 본성에 관한 논고』 중 1권 〈인간의 이해력(understanding)〉 부분의 내용을 좀더 쉽게 풀어서 쓴 책이다. 이 책에서 흄은 인간 본성이 지니는 힘과 능력을 면밀히 조사함으로써 일종의 정신지리학(mental geography)을 완성하고자 했다. 인간의 마음을 작용하게 하는 내밀한 원천과 원리들을 발견하고자 한 것이다. 흄은 인간 이해력의 한계를 잘 알아야 독단이나 불합리한 논증에 빠지지 않을 수 있다는 생각을 견지한다. 그는 인간의 추리도 일종의 본능 내지 기계적인 힘에 의한 것인데, 이 힘은 무엇인지 알려지지 않은 채로 우리에게 작용한다고 보았다. 결국 쇼펜하우어는 이를 의지라 주장한 셈이다. 흄이 죽음에 대해 보인 다음과 같은 태도는 쇼펜하우어가 말한 의지의 불꽃이 꺼진 모습을 보여준다.

1775년 자신이 치명적인 장암에 걸린 것을 알게 된 그는 절명의 확신 속에서도 동요하지 않았다. 그는 늘 그렇듯이 서글서글하게 친구들을 맞았으며 자신이 쓴 책을 수정·보완하는 일을 계속함으로써 '마지막까지 참되라'는 그의 가훈에 충실했다.(줄리언 바지니, 『데이비드 흄』)

　평생 이성을 날카롭게 벼려온 흄다운 죽음이었다. 이성을 한계 끝까지 사용해서 죽음에 대해서도 이러한 태도를 보인 철학자의 글을 읽어보는 것도 좋을 것이다.

『도덕의 계보학』
프리드리히 니체, 연암서가, 2020

프리드리히 니체는『의지와 표상으로서의 세계』를 읽고 이성적으로 이해되거나 혹은 도덕적으로 이해되는 세계는 진정한 세계가 아니라는 메시지를 받았다고 한다. 그는 종교적 귀의에 가까울 정도로 쇼펜하우어의 철학에 몰두했다고 평가받는다. 니체는 쇼펜하우어가 가차 없는 자기 부정을 두려워하지 않고 이를 응시하는 용기 있는 자세를 보였으며, 삶의 불행과 절망을 직시하고 이겨냈다는 점에서 위대하다고 보았다.

그런데 쇼펜하우어는 동고, 즉 비이기적인 것의 가치를 강조했지만 니체는 이에 대해 근본적인 회의를 하게 된다. 이 책 서문에서 니체는 쇼펜하우어의 의지 부정이 무로 빠져드는 것은 아닌가 하는 의구심을 가지고 있음을 서술하고 있다. 즉 쇼펜하우어가 말하는 동고가 허무주의의 무로 연결되는 듯하다는 것이다. 사실 쇼펜하우어가 『의지와 표상으로서의 세계』 마지막 절인 71절에서 말한 두 가지 무의 구분은 니체에게서도 이어진다. 쇼펜하우어가 말하는 첫 번째 무는 니체가 말하는 수동적 니힐리즘의 무이고, 두 번째 무는 능동적 니힐리즘의 무라고 보아야 할 것이다. 그런데 쇼펜하우어는 이 능동적 니힐리즘의 무에 대한 설명을 하지 않고 단지 언급만 했기에 니체가 이러한 비판을 하는 것으로 보인다. 만약에 의지의 맹목적인 움직임을 직시하고 나서 현실의 삶을 어떤 태도로 살아가야 하는가에 대한 논의를 알고자 한다면 니체의 이 책을 참고할 만하다. 그것은 바로 능동적 니힐리즘의 무를 실현하는 위버멘쉬(Übermensch)의 태도일 것이니 말이다.

위버멘쉬는 노예 도덕에 따르지 않는다. 노예 도덕은 자신의 불완전함에 대한 공포로 완전함을 가진 허상을 만들고 이에 따르고자 하는 도덕이다. 니체가 말하는 신의 죽음은 이러한 자기 혐오로 인한 공포를 뛰어넘자는 주장이다. 니체에 따르면, 강자 위버멘쉬는 스스로 사물과 행동에 가치를 부여할 줄 아는 인간이다. 타인이 부여한 가치에 따르는 노예 도덕이 아니라 스스로 가치를 부여하는 주인의 도덕을 창출할 줄 아는 인간이다. 그는 인간에 내재하며 항상 활동하는 힘에의 의지를 위한 도덕을 주창한다. 이 책에서 니체는 허무주의를 낳은 소크라테스의 합리주의와 기독교의 가치관을 비판하면서 위버멘쉬의 도덕에 대해 서술한다.

『의지와 소통으로서의 세계』
이규성, 동녘, 2016

동양 철학 연구자인 저자가 쇼펜하우어의『의지와 표상으로
서의 세계』와 아시아 철학을 비교·분석한 연구 결과로 내놓은
책이다. 서양 철학과 동양 철학을 횡단하며 아우르는 1,100쪽이
넘는 대작으로, 한국 철학계에서는 손에 꼽을 만한 방대한 연
구다. 저자는 이 책에서 쇼펜하우어와 아시아 철학의 접점에
대한 관심에 따라 두 철학을 융합하고자 했다. 특히 쇼펜하우
어 철학과 아시아 철학에서 공통적으로 드러나는 지점을 분석
하고 쇼펜하우어 철학이 갖는 사회·정치적 의미를 고찰했다.

저자는 서양 철학사에서 쇼펜하우어만큼 많은 사상가에게
영향을 주었으나 비주류로 무시되고 오해된 사상가도 드물다
고 평가한다. 서양 철학은 존재의 근거가 무엇인가에 대한 탐

구로 요약할 수 있다. 철학자들은 존재의 필연성을 보장하는 궁극적 원인이 무엇인가에 대해 나름의 답을 내놓았다. 그런데 쇼펜하우어는 그 궁극적 원인은 없다는 주장을 매우 체계적으로 했다. 무를 더 근원적인 것으로 보는 측면은 아시아 철학과 만난다.

저자가 보기에 아시아의 많은 유토피아 운동은 내적 평화와 새로운 사회적 삶의 방식을 행동주의적 활력으로 연결하는 운동이었다. 즉 정관을 통한 내적 평화와 새로운 사회를 도모하는 능동적 실행을 조화시켜왔다는 것이다. 저자는 동고를 주장하는 쇼펜하우어의 철학이 개인의 윤리적 지평에서 자유의 길을 제시했다고 평가하면서 이 길은 정관주의를 극복하는 맥락에서 더욱 적극적인 사회윤리적 활력을 가질 필요가 있다고 지적한다. 쇼펜하우어의 동고의 윤리가 가지는 사회·정치적 의미를 확장하고 보충하는 노력이 필요하다는 것이다.

저자는 쇼펜하우어와 니체의 무를 수동적 허무주의(니힐리즘)로만 해석하는 것은 무에 대한 서구적 편견 때문이라고 본다. 무에 대한 통찰을 통해 일어나는 무한의 윤리는 모든 장벽을 넘어서는 능력의 원천이고, 거기에는 배타성을 용해하는 창조적 생산력이 있다는 것이다. 쇼펜하우어가 개체화의 원리를 극복할 것을 주장하는 것과 관련하여 저자는 이를 개방적 전체성이라고 하면서 진정한 개인성이 우주적 연대성에 대한 감수성을 시초로 구성되어야 함을 보여주었다고 주장한다.

쇼펜하우어가 말하는 영원의 정의와 관련해서 저자는 영원의 관점에서 세계를 보는 삶은 궁극의 의미에 도달해 평정을 회복한다고 하면서 이 경지는 언설로 표현할 수 없는 심원한 느낌을 동반한 실천적 지혜라고 언명한다. 또한 자유는 실체의 속성이나 상태가 아니라 관계적 활동의 원리라고 하면서 실체적 사고에서 관계적 사고로 넘어가는 개방적 사고를 할 것을 주장한다. 저자는 서구적 편견을 극복한 시선으로 쇼펜하우어 철학을 이해하면 개방적 사고와 실천적 지혜의 힘을 가진 철학임을 알 수 있다고 주장한다.

『바른 마음』
조너선 하이트, 웅진지식하우스, 2014

도덕에 관한 논의의 흐름에서 흄-쇼펜하우어-니체의 계통을 이은 현대 논의다. 저자의 주요 주장은 우리의 마음이 집단적 바름을 추구하도록 만들어져 있다는 것이다. 저자는 '인간의 마음은 애초부터 도덕을 행하도록 설계되어 있다'는 의미에서 책 제목을 『도덕적인 마음』이라고 할 수도 있었는데, 『바른 마음』이라고 했다고 밝히고 있다. 인간 본성은 도덕적이기는 하지만 다른 한편 도덕적인 체하면서 비판과 판단도 잘한다는 의미를 담기 위해서였다고 한다.

도덕성이 선천적인 것인가 아니면 학습해야 하는 것인가 하는 논의와 관련해서 저자는 도덕성은 선천적인 동시에 학습의 대상임을 주장한다. 즉 인간은 날 때부터 바른 마음을 갖고 있지만 자신과 비슷한 사람들이 정확히 무엇을 바르다고 여기는지는 반드시 배움을 통해서만 알 수 있다는 것이다.

이 책에서 저자는 세 가지 원칙을 주장한다. 첫 번째 원칙은 '직관이 추론보다 먼저'라는 것이다. 즉 도덕적 직관이 도덕적 추론보다 먼저 일어나고, 도덕적 추론은 사실상 도덕적 직관을 정당화하기 위한 사후 구성물이라는 것이다. 이는 이성은 정념의 노예여서 정념에 따른 결론을 정당화하는 근거를 찾아내는 데 이성을 사용한다는 흄의 주장을 떠올리게 한다. 두 번째 원칙은 '도덕성은 단순히 피해와 공평성 차원에만 국한되지 않는다'는 것이다. 배려/피해, 공평성/부정, 충성심/배신, 권위/전복, 고귀함/추함의 매트릭스가 함께 작동하는 것으로 보이는데 이에 대해서는 경험적 연구를 더 해야 한다는 입장이다. 세 번째로 '도덕은 사람들을 뭉치게도 하고 눈멀게도 한다'는 원칙을 내세운다. 인간은 이기적이고 독선적이기는 하지만 늘 그런 것은 아니고 집단의 이익을 위해 노력하는 능력도 가지고 있다는 것이다. 사람들은 자신과 비슷한 도덕적 서사를 가진 사람들과 뭉쳐 정치적 집단을 이루기 때문에 집단을 위해 맹목적으로 행동하기도 한다.

저자는 감정이 사실은 인지로 가득 차 있다고 강조한다. 뇌의 감정 영역이 사라지면 도덕적 능력이 제대로 발휘되지 못한다는 과학 연구 결과도 소개한다. 뇌과학자인 안토니오 다마지오는 합리적 사고에는 반드시 직감 및 신체의 반응이 필요하다는 것을 연구 결과를 통해 밝히고 있다. 감정은 일종의 정보처리 과정이고 직관이 인지의 한 종류라는 현대 뇌과학 및 도덕심리학의 연구 결과는 신체가 표상화된 의지이며 이성은 두뇌의 작용이라는 쇼펜하우어의 입장과 잘 연결된다.

생애 연보

1788년 2월 22일 독일 단치히(현재 폴란드 그단스크)에서 부유한 사업가인 아버지 하인리히 쇼펜하우어와 작가인 어머니 요한나 쇼펜하우어의 장남으로 태어나다.

1793년 단치히가 프로이센에 합병되어 온 가족이 함부르크로 이사하다.

1797년 아버지와 프랑스 여행 중 아버지의 친구 집에서 프랑스어를 배우다(프랑스에서 2년 체류).

1799년 함부르크로 돌아와 철학박사 라이퉁 폰 룽게가 교장으로 있는 사립상업학교에서 4년간 수학하다.

1803년 사업가(상인)가 되라는 부친의 권유로 김나지움(고등학교 과정에 해당) 진학을 포기하고 2년간의 장기 유럽 여행을 떠나다. 6개월간 런던에 체류하다.

1804년 늦겨울을 파리에서 보내고 프랑스 남부 지방을 여행하다. 스위스, 빈, 드레스덴, 베를린을 거쳐 단치히로 돌아와 견신례를 받다.

1805년 여행을 마치고 함부르크로 돌아오다. 상인 견습 생활을 하던 중에 부친이 사고로 사망하다. 어머니가 여동생과 함께 바이마르로 이주하다.

1806년 함부르크에 남아 상인 수업을 받으면서도 골상학 강연을 듣는 것에 더 몰두하다. 10월 바이마르에서 문학 살롱을 연 어머니 요한나 쇼펜하우어는 괴테와 친교를 맺고 우정을 나눈다.

1807년 어머니의 권유로 상인 수업을 중단하고 고타의 김나지움에 입학하다. 교장으로부터 매일 두 시간씩 라틴어 개인 지도를 받다.

1808년 바이마르 김나지움으로 전학하다. 그리스어, 라틴어 개인 지도를 받다.

1809년 바이마르 김나지움을 졸업하다. 괴팅겐 의과대학에 입학하고, 성년이 되어 아버지의 유산을 상속받다.

1810년 의학부에서 철학부로 옮기다. G. E. 슐체로부터 철학을 배우고, 플라톤과 칸트 철학을 공부하다.

1811년 베를린대학교로 전학하다.

1813년 논문 「충분근거율의 네 가지 뿌리에 대하여」를 완성하다. 예나대학교에 제출해 철학박사 학위를 받다. 괴테가 이 논문을 읽고 자신의 색채론 연구에 동참하도록 권유하다.

1814년 어머니와의 불화로 드레스덴으로 이주하다. 도서관과 미술관 등을 다니며 학문과 예술을 연구하다.

1816년 『시각과 색채에 대하여』를 괴테에게 보내다.

1818년 『의지와 표상으로서의 세계』를 탈고하다. 이탈리아를 여행하다.

1819년 로마 베네치아를 거쳐 바이마르로 돌아와 괴테를 방문하다. 베를린대학교 철학과에 이력서를 제출하다.

1820년 베를린대학교 강사로 취임하다.

1822년 강사 생활을 그만두고 두 번째 이탈리아 여행을 떠나다.

1823년 뮌헨에서 1년간 투병하다.

1825년 베를린대학교에서 강사 생활을 다시 시작하다. 수강생이 적어 실의에 빠지다.

1828년 『비망록』을 집필하다. '진리를 위해 생애를 바친다'는 표제를 붙이다.

1829년 논문 「시각과 색채에 대하여」를 발표하다. 칸트의 저서를 영어로 번역할 계획을 세우다.

1830년 라틴어로 『생리학적 색채론』을 집필하다.

1831년 베를린에 콜레라가 발생하자 프랑크푸르트로 이주하다.

1832년 만하임에서 1년간 체류하다. 어머니와 서신 왕래를 재개하다.

1833년 프랑크푸르트로 이사해 은둔 생활에 들어가다.

1838년 어머니가 별세하다.

1839년 논문 「의지와 자유」가 노르웨이 왕립학술원 현상 논문에 당선되다.

1841년 『윤리학의 두 가지 근본 문제』를 발간하다.

1832년 『의지와 표상으로서의 세계』 2판을 간행하다.

1845년 『소품과 부록』 집필을 시작하다.

1847년 박사학위 논문 「충분근거율의 네 가지 뿌리에 대하여」를 대폭 수정하여 재판을 간행하다.

1849년   여동생이 사망하다.

1850년   『소품과 부록』의 출판 계약이 성사되지 못하는 어려움을 겪다.

1852년   『소품과 부록』이 인기를 얻기 시작하다.

1853년   영국의 존 옥센포드가 「독일 철학에 있어서의 우상파괴」라는 논문에서 쇼펜하우어 철학을 논하다. 이를 계기로 쇼펜하우어의 이름이 외국에 알려지다.

1854년   『자연에 있어서의 의지』 『시각과 색채에 대하여』를 간행하다.

1856년   라이프치히대학교에서 「쇼펜하우어 철학의 핵심의 해설 및 비판」이라는 현상 논문을 모집하다.

1858년   베를린 왕립아카데미에서 쇼펜하우어를 회원으로 추천하지만 거절하다.

1859년   『의지와 표상으로서의 세계』 3판을 간행하다.

1860년   9월 21일 폐수종으로 사망하다.

참고 문헌

아르투어 쇼펜하우어, 『의지와 표상으로서의 세계』, 홍성광 옮김, 을유
　　문화사, 2020.

아르투어 쇼펜하우어, 『쇼펜하우어의 행복론과 인생론』, 홍성광 옮김,
　　을유문화사, 2020.

아르투어 쇼펜하우어, 『충족이유율의 네 겹의 뿌리에 관하여』, 김미영
　　옮김, 나남, 2019.

아르투어 쇼펜하우어, 『도덕의 기초에 관하여』, 김미영 옮김, 2019.

김미영, 「쇼펜하우어에 있어서 오성의 직관능력과 무의식」, 한국칸트학
　　회, 《칸트연구》 31집, 2013.

김정현, 「서양 근대에서 무의식의 이해-무의식 철학의 형성과정을 중
　　심으로」, 범한철학회, 《범한철학》 80집, 2016.

김진, 『쇼펜하우어의 '의지와 표상으로서의 세계' 읽기』, 세창미디어,
　　2013.

로봇 L. 윅스 지음, 『쇼펜하우어의 '의지와 표상으로서의 세계' 입문』,
　　김효섭 옮김, 서광사, 2014.

박찬국, 『사는 게 고통일 때: 욕망과 권태 사이에서 당신을 구할 철학수
　　업』, 21세기북스, 2021.

발터 아벤트로드, 『쇼펜하우어』, 안인희 옮김, 한길사, 1998.

수잔네 뫼부스, 『쉽게 읽는 쇼펜하우어-의지와 표상으로서의 세계』, 공병혜 옮김, 이학사, 2004.

이규성, 『의지와 소통으로서의 세계』, 동녘, 2016.

이동영, 『쇼펜하우어, 돌이 별이 되는 철학: 나를 마주하는 당당한 철학, '의지와 표상으로서의 세계' 읽기』, 동녘, 2014.

이서규, 『쇼펜하우어 철학이야기』, 서광사, 2014.

이서규, 「쇼펜하우어의 윤리개념에 대한 고찰」, 한국동서철학회, 《동서철학연구》 59호, 2011.

크리스토퍼 제너웨이, 『쇼펜하우어』, 신현승 옮김, 시공사, 2001.

EBS 〔오늘 읽는 클래식〕

쇼펜하우어의 의지와 표상으로서의 세계

1판 1쇄 발행 2021년 12월 30일
1판 4쇄 발행 2024년 8월 30일

지은이 박은미

펴낸이 김유열
디지털학교교육본부장 유규오 | 출판국장 이상호 | 교재기획부장 박혜숙
교재기획부 장효순 | 북매니저 윤정아

책임편집 장윤호 | 디자인 정계수 | 일러스트 최광렬 | 인쇄 재능인쇄

펴낸곳 한국교육방송공사(EBS)
출판신고 2001년 1월 8일 제2017-000193호
주소 경기도 고양시 일산동구 한류월드로 281
대표전화 1588-1580 | 홈페이지 www.ebs.co.kr
이메일 ebsbooks@ebs.co.kr

ISBN 978-89-547-6192-5 04100
    978-89-547-6188-8 (세트)